Isaack Michael Mchumi Nguliki

Czynniki wpływające na oszczędności w gospodarstwach domowych na obszarach wiejskich w Tanzanii

Isaack Michael Mchumi Nguliki

Czynniki wpływające na oszczędności w gospodarstwach domowych na obszarach wiejskich w Tanzanii

Wydawnictwo Bezkresy Wiedzy

Imprint
Any brand names and product names mentioned in this book are subject to trademark, brand or patent protection and are trademarks or registered trademarks of their respective holders. The use of brand names, product names, common names, trade names, product descriptions etc. even without a particular marking in this work is in no way to be construed to mean that such names may be regarded as unrestricted in respect of trademark and brand protection legislation and could thus be used by anyone.

Cover image: www.ingimage.com

Publisher:
Wydawnictwo Bezkresy Wiedzy
is a trademark of
International Book Market Service Ltd., member of OmniScriptum Publishing Group
17 Meldrum Street, Beau Bassin 71504, Mauritius

Printed at: see last page
ISBN: 978-620-0-54333-2

UWARUNKOWANIA OSZCZĘDNOŚCI W WIEJSKICH GOSPODARSTWACH DOMOWYCH W TANZANII

Dr Isaack Michael Mchumi Nguliki, doktorze.

Do mojej żony pani Renaty, do moich córek panny Doreen i panny Catherine, do moich synów Henry'ego i Erica. Dziękuję moim rodzicom za to, że dużo zainwestowali w moją edukację. Niech cię Bóg błogosławi.

PRAWO KOPIERACYJNE

Autor

Dr Isaack jest specjalistą ds. zarządzania projektami z tytułem doktora ekonomii. Posiada 18 lat podyplomowego doświadczenia zawodowego w sektorze prywatnym i publicznym oraz organizacjach międzynarodowych, w tym Organizacji Narodów Zjednoczonych. Posiada duże umiejętności w zakresie projektowania projektów, wdrażania i zarządzania aspektami planowania, budżetowania, sprawozdawczości, budowania potencjału, młodzieży, równości płci i upodmiotowienia kobiet oraz zarządzania wiedzą. Ponadto, Isaack posiada wiedzę specjalistyczną w zakresie rozwoju systemów monitorowania i oceny, wzmacniania i zarządzania, w tym ram M&E, zarządzania danymi i oceny jakości danych (DQA). Posiada on wiedzę na temat przeglądu, oceny i ewaluacji projektów z wykorzystaniem metod mieszanych Podejścia ilościowe i jakościowe integrujące sześć klasycznych kryteriów oceny OECD-DAC, a mianowicie: trafność, spójność, efektywność, skuteczność, wpływ i zrównoważony rozwój. Posiada on również umiejętności w ramach Komitetu Darczyńców na rzecz Rozwoju Przedsiębiorczości (DCED) Standard for Results Measurement and Outcome Mapping. Dr Isaack ma doświadczenie w zarządzaniu solidnymi systemami monitorowania i oceny operacyjnej dla projektów krajowych i regionalnych w Afryce Wschodniej i Południowej, otrzymał świadectwa uznania od poprzednich pracodawców za wybitne osiągnięcia w pracy. Jeśli chodzi o innowacyjność i kreatywność, Isaack jest autorem dwóch innowacyjnych modeli w zakresie przedsiębiorczości oraz monitorowania i oceny, a mianowicie Diagramu Mchumi i Podejścia Mchumi. Ponadto dr Isaack ma praktyczne doświadczenie w pracy z mikro-, małymi i średnimi przedsiębiorstwami (MSME) jako współzałożyciel i dyrektor Premier Education Centre. Isaack jest członkiem Tanzania Evaluation Association (TanEA) i stałym uczestnikiem dyskusji na temat polityki na rzecz ubogich w Tanzanii. Posiada umiejętności pisania jedenastu publikacji, w tym pracy badawczej dotyczącej wyzwań związanych z monitorowaniem i oceną projektów rozwojowych w Tanzanii. Isaack zna trzy języki: Kiswahili (ojczysty), angielski (biegle) i francuski (debiutant). Jego międzynarodowe doświadczenie obejmuje szesnaście krajów w Afryce, Azji i Europie.

POTWIERDZENIE

Ta książka to ogromna praca i doceniam pomoc wielu osób, w tym mojej żony Renaty Isaack za jej moralne wsparcie, doktora Felicjana Mutasy, profesora Deusa Dominica Ngaruko, doktora Jamesa Kisozy, pana Stanleya Melacka, profesora Deogratiasa Rutatora, profesora Kim Abel Kayunze oraz respondentów badań. Jestem jednak jedynym autorem tej książki.

ABSTRACT

Ta książka podkreśla determinanty oszczędności w wiejskich gospodarstwach domowych w Tanzanii z badań akademickich podjętych z konkretnych celów do: (i) określić motywy oszczędzania w wiejskich gospodarstwach domowych; (ii) ocenić zmianę motywów oszczędzania; (iii) określić związek między motywami oszczędzania a cechami demograficznymi; oraz (iv) określić czasowy wymiar podziału zapisów między transferami *wewnątrz-* i *międzypokoleniowymi.* Hipotezy badania były następujące: (i) motywy oszczędnościowe wiejskich gospodarstw domowych są racjonalne, oraz (ii) wiejskie gospodarstwa domowe mają sztywny system wyłączania motywów oszczędnościowych. Było to badanie przekrojowe polegające na triangulacji danych za pomocą wywiadu strukturalnego 810 respondentów oraz dyskusji w 11 grupach fokusowych. Analiza opisowa, analiza ekonometryczna (regresja logistyczna) i analiza infekcyjna (test Chi-Square) zostały wykorzystane odpowiednio do analizy danych statystyki opisowej, korelacji i testowania hipotez badawczych.

Badanie pokazuje, że większość (85,4 procent) na obszarach wiejskich podąża za modelem cyklu życia; edukacja (66,7 procent) jest najważniejszym motywem oszczędzania; wiejskie gospodarstwa domowe nie wyłączają łatwo motywów oszczędzania; poziom wykształcenia ze statystyką Walda (2,066) (*p=0,151*) jest jedyną niezależną zmienną, która zwiększa *logit* zmiennej zależnej, co oznacza, że zwiększa prawdopodobieństwo wyboru przez gospodarstwo domowe motywów oszczędzania środków do życia. Ponadto, wyniki badań pokazują, że zapisy są rozdzielane na wszystkie dzieci bez względu na płeć, ale w zależności od rodzaju zapisów istnieją zarówno *zapisy in-vivos*, jak i *międzypokoleniowe.* Prawidłowa jest hipoteza badania, że wiejskie gospodarstwa domowe wybrały racjonalne motywy oszczędzania.

Z badania wynika, że wiejskie gospodarstwa domowe oszczędzają na racjonalnym kursie. W badaniu przedstawiono pewne zalecenia dotyczące polityki, w tym zachęt do oszczędzania, zapewnienia umiejętności finansowych w celu zwiększenia wiedzy na temat oszczędzania oraz zwiększenia zasięgu usług finansowych sprzyjających włączeniu społecznemu na obszarach wiejskich. Wzmocnienie rynków finansowych i ubezpieczeniowych jest niezbędne, aby gospodarstwa domowe na obszarach wiejskich mogły oszczędzać na aspektach, które przyczyniają się do eliminacji ubóstwa.

TABLE OF CONTENT

WYKAZ TABEL

WYKAZ CYFR

WYKAZ ZAŁĄCZNIKÓW

WYKAZ SKRÓTÓW I AKRONIMÓW

BOT	-Bank of Tanzania
BTC	-Belgijska współpraca techniczna
CBA	- Stowarzyszenie Banków Wspólnoty
CES	-Sondaż wydatków konsumenckich
FDI	-Zagraniczne inwestycje bezpośrednie
FSDT	-Pogłębianie zaufania w sektorze finansowym
PKB	-Gross Produkt krajowy
GLM	-Uogólniony model liniowy
HBS	-Badanie budżetu gospodarstwa domowego
HTTP	-Protokół przekazania tekstu hipertekstu
IFAD	-Międzynarodowy Fundusz Rozwoju Rolnictwa
IRA	-Indywidualne konta emerytalne
LCH	- Hipoteza cyklu Life-Cycle
MDG	-Cele rozwojowe Millenium
MIF	- Instytucje mikrofinansowe
MLE	-Maximum Likelihood Estimators
MSME	-Małe i średnie przedsiębiorstwa
NBER	-Krajowe Biuro Badań Gospodarczych
NBS	-Krajowe Biuro Statystyczne
OECD	-Organizacja Współpracy Gospodarczej i Rozwoju
OLS	-Ordinary Least Squares

PIH -Hipoteza stałego dochodu

PILCH -Hipoteza dotycząca stałego dochodu Hipoteza dotycząca cyklu życiowego

PPP -Parytet siły nabywczej

SACCOS - Towarzystwa Oszczędnościowo-Spółdzielcze Kredytowe

SAP -Programy dostosowania strukturalnego

SCCULT - Saving & Credit Cooperative Union League of Tanzania

SPSS -Pakiet Statystyczny dla Nauk Społecznych

ROSCAs - Rotacyjne Korporacje Oszczędnościowo-Kredytowe

RTC -Regionalne spółki handlowe

RUSACCOS - Wiejskie Towarzystwa Kredytowe i Spółdzielcze

TAMFI - Tanzania Stowarzyszenie na rzecz instytucji mikrofinansowych

TIC - Tanzania Centrum Inwestycyjne

TZS -Szylingi tanzańskie

WIELKA BRYTANIA - Zjednoczone Królestwo

URT -United Republic of Tanzania

USA - Stany Zjednoczone Ameryki Północnej

USD - Stany Zjednoczone Dolar

VICOBAs - Banki Wspólnoty Wiejskiej

VSLAs - Stowarzyszenia Oszczędnościowo-Pożyczkowe Wsi

WWW -World Wide Web

ROZDZIAŁ 1

WPROWADZENIE

1.1 Wprowadzenie ogólne

"Ratowanie oznacza różne rzeczy dla różnych ludzi. Dla niektórych oznacza to wkładanie pieniędzy do banku. Dla innych oznacza to kupno akcji lub wpłatę na plan emerytalny. Ale dla ekonomistów oszczędzanie oznacza tylko jedno - konsumować mniej w teraźniejszości, aby w przyszłości konsumować więcej. "

-Laurence J. Kotlikoff (1988) -

Zachowania oszczędnościowe są starym zjawiskiem. Na przykład, w Księgach Rodzaju, rozdział 41 i Ewangelia św. Mateusza, rozdział 25 w Biblii Świętej znajdują się pisma święte, które podkreślają temat zbawienia ponad dwa tysiące lat temu. Jako takie osoby, w tym osoby ubogie, z różnych powodów, z których większość ma na celu zarządzanie ryzykiem i radzenie sobie z nim. Dercon (1996) i Ravi (2006) podkreślili powody oszczędzania przez ubogie gospodarstwa domowe w dwóch kategoriach: 1) ochrona *ex-ante* przed ryzykiem oraz 2) zarządzanie *ex-post* ryzykiem oraz że przy relatywnym braku pełnych rynków kredytowych i ubezpieczeniowych wiejskie gospodarstwa domowe oszczędzają na ograniczaniu i radzeniu sobie z ryzykiem związanym z niepewnością dochodów.

W innych badaniach stwierdza się, że większość ubogich wiejskich gospodarstw domowych w krajach słabiej rozwiniętych nie ma gotowego dostępu do możliwości oszczędzania w bankach lub innych formalnych instytucjach finansowych. Zamiast tego do ich oszczędzania wykorzystują alternatywne, nieformalne pojazdy, takie jak zwierzęta gospodarskie, złoto i inne metale szlachetne, biżuterię, materiały mieszkaniowe lub inne zasoby dóbr materialnych. Utrzymują również gotówkę w domu lub mogą zdeponować oszczędności u przyjaciela, członka rodziny, lub pożyczkodawcy. Mogą też uczestniczyć w rotacyjnych stowarzyszeniach oszczędnościowo-kredytowych z zaufanymi członkami rodziny lub sąsiadami (Rutherford, 2000; FSDT, 2006 i Nga, 2007). Jeśli chodzi o to, czy ubogie gospodarstwa domowe oszczędzają, czy nie, badanie Rutherforda (2000) potwierdza, że istnieje znaczna liczba badań, które nie zgadzają się z powszechnie uważanym poglądem, że wiele wiejskich gospodarstw domowych w krajach słabiej rozwiniętych jest zbyt ubogich, by oszczędzać. Oszczędzanie przez wiejskie gospodarstwa domowe zostało potwierdzone przez wiele badań empirycznych, w tym badania przeprowadzone w Afryce, takie jak prace Chowa (2012); Mirach and Hailu (2014); Teshome *et al.* (2013); Precious and Asrat (2014); oraz Nigus (2015).

Inne badania potwierdzają, że oszczędności własne są najważniejszym czynnikiem dla inwestycji w danym kraju. Według Attanazio i Szekely'ego (2000) oszczędzanie jest alternatywnym sposobem gromadzenia aktywów w sytuacji braku rynków kredytowych i ubezpieczeniowych, zdolność do oszczędzania staje się jednym z głównych nośników mobilności społecznej i zwiększania przyszłych możliwości zarobkowania. Horioka (1990), Wakabayashi i Mackellar (1999); Kitamura *i in.* (2001); oraz Upender i Reddy (2007) ich badania empiryczne pokazują, że oszczędności w gospodarstwach domowych stanowią lwią część oszczędności brutto w największych gospodarkach domowych, takich jak Chiny, Japonia, USA i Indie; kraje te należą do krajów o wyższym poziomie oszczędności w gospodarstwach domowych na świecie.

Nowoczesne teorie i modele oszczędzania i konsumpcji, podobnie jak wiele innych dziedzin ekonomii, wywodzą się z badań zachowań oszczędnościowych prowadzonych w krajach zachodnich, krajach rozwiniętych i gospodarkach rynkowych (De Nardi *i in.* , 2009). Wśród znanych modeli oszczędzania w tym kontekście znajdują się Hipoteza Absolutnie Nieskomplikowana (AIH) Keynesa; Hipoteza Permanentnie Nieskomplikowana (PIH) Friedmana; oraz Hipoteza Cyklu Życia (LCH) Modiglianiego i Ando teorie te są przedmiotem przeglądu literatury niniejszego opracowania. Horioka *i in.* (2000) wyjaśniają, że kwestią o krytycznym znaczeniu zarówno dla ekonomistów, jak i decydentów politycznych jest to, który model ma większe zastosowanie w świecie rzeczywistym. Ponieważ oszczędzanie w gospodarstwie domowym podlega zarówno wewnętrznym, jak i zewnętrznym czynnikom danego gospodarstwa domowego, takim jak kultura, gospodarka, cechy demograficzne, polityka; nie może zatem istnieć jeden model, który pasowałby do wszystkich.

1.2 Tło

Niski i nieregularny poziom oszczędności gospodarstw domowych jest jednym z czynników wpływających na bardzo niski dostęp do usług finansowych na obszarach wiejskich w Tanzanii (FinScope, 2009). W ciągu ostatnich dwóch dekad Tanzania[1], w

[1] Do celów niniejszego badania Tanzania oznacza Zjednoczoną Republikę Tanzanii (złożoną z Tanzanii kontynentalnej i Zanzibaru).

ramach wysiłków na rzecz promowania integracji finansowej[2], stale rozwijała środowisko polityczne, prawne i regulacyjne dla sektora finansowego, w tym dla finansów obszarów wiejskich. Nadrzędnymi ramami dla usług finansowych w Tanzanii jest strategia na rzecz wiejskich usług finansowych (RFSS).

The legal framework of financial sector in Tanzania is provided by key Acts like the Bank of Tanzania Act, 2006; The Banking and Financial Institutions Act (BAFIA), 2006; The Cooperative Societies Act, 2003; Capital Markets and Securities Act (CMSA), 1994; Insurance Act, 2009; and Social Security Act, 2008. Poza powyższymi ustawami, istnieją takie regulacje jak: Regulacje dotyczące Spółek Mikrofinansowych i Działalności Mikrokredytowej, 2005; Regulacje dotyczące Spółdzielni Finansowych, 2005; Regulacje dotyczące Spółdzielni Oszczędnościowych i Spółdzielni Kredytowych (SACCOS), 2005; Regulacje dotyczące Banku Danych Kredytowych, 2012; Regulacje dotyczące Biura Danych Kredytowych, 2012; oraz Wytyczne dotyczące Bankowości Agentskiej dla Instytucji Bankowych, 2013.

Gospodarka Tanzanii od prawie dwudziestu lat doświadcza: stałego wzrostu produktu krajowego brutto (PKB), wzrostu bezpośrednich inwestycji zagranicznych (BIZ), spadku inflacji, wzrostu sektora bankowego do ponad 50 instytucji bankowych, w których depozyty stanowią główną pozycję pasywów i stanowią 93,13 proc. pasywów ogółem (BOT 2012). Pomimo stałego i imponującego wzrostu gospodarczego Tanzanii w ciągu ostatnich dwóch dekad oraz ogromnych środków finansowych, większość Tanzańczyków, zwłaszcza na obszarach wiejskich, żyje w ubóstwie, co oznacza niedopasowanie mikroekonomiczne i makroekonomiczne (RAW, 2012).

2 Na stronie Tanzania Włączenie finansowe jest zdefiniowane przez Grupę Roboczą Banku Tanzanii ds. Włączenia Finansowego (BOT-FIWG) jako "wszyscy Tanzańczycy regularnie używają narzędzi finansowych i platform płatniczych do zarządzania przepływami pieniężnymi i łagodzenia wstrząsów. Są one dostarczane przez formalnych usługodawców za pośrednictwem szeregu odpowiednich usług i infrastruktury, z zachowaniem godności i uczciwości".

Kolejnymi organami regulacyjnymi systemu finansowego w Tanzanii są Bank of Tanzania (bankowość, system informacji kredytowej oraz płatności i rozliczenia); organ regulacyjny ds. ubezpieczeń w Tanzanii (ubezpieczenia); organ ds. rynków kapitałowych i papierów wartościowych (papiery wartościowe); organ regulacyjny ds. zabezpieczenia społecznego (emerytury); Komisja Spółdzielcza znana wcześniej jako Registrar of Cooperatives (spółdzielnie oszczędnościowe i kredytowe).

W Tanzanii usługi finansowe na obszarach wiejskich są świadczone bezpośrednio i pośrednio przez szereg instytucji, do których należą instytucje formalne, takie jak banki, fundusze emerytalne i emerytalne, ubezpieczenia, rynek kapitałowy; instytucje półformalne, takie jak organizacje pozarządowe zajmujące się mikrofinansowaniem, przedsiębiorstwa i SACCOS; grupy nieformalne, takie jak ROSCA (Rotating Saving and Credit Associations), Village Saving and Loans Associations (VSLA) , Village Community Banks (VICOBAs); oraz programy rządowe, takie jak Small Enterprises Loan Facility (SELF), President Trust Funds (PTF), Export Guarantee Scheme, Agriculture Input Trust Fund (AGITF), Mwananchi Empowerment Funds i wiele innych.

Tanzanię, po liberalizacji finansowej na początku lat 90., cechuje szybko rozwijający się sektor bankowy ze zwiększonymi depozytami sugerującymi wzrost oszczędności prywatnych w gospodarce przez firmy i gospodarstwa domowe[3]. Jednakże główny nurt

[3] Oszczędności brutto to oszczędności rządowe i prywatne, natomiast oszczędności prywatne to oszczędności firm prywatnych i gospodarstw domowych lub osób fizycznych. Zgodnie z opublikowanym w 2011 r. raportem Banku Światowego dotyczącym wskaźników z 2010 r., w 2010 r. na rachunkach narodowych Tanzanii odnotowano oszczędności krajowe brutto w wysokości 3 932 926 000 USD, co daje

banków komercyjnych ma bardzo ograniczony zasięg na obszarach wiejskich. Przeciętna wielkość biletu kredytowego wyklucza wiele działań na wsi. Usługi oszczędnościowe w tych bankach są poza zasięgiem ubogich gospodarstw domowych ze względu na wysokie wymogi i koszty oszczędności (Lwoga *i in.*, 1999 i FSDT 2006).

Główne banki nie mają skłonności do prowadzenia bankowości detalicznej na obszarach wiejskich ze względu na wysokie koszty transakcji i postrzegane wysokie ryzyko. Banki wspólnotowe są w spółkach akcyjnych lub spółdzielniach. Obecnie oferują one fundusze masowe dla grup i SACCOS oprócz indywidualnych pożyczek dla rolników i małych przedsiębiorstw. Wysokie wymogi kapitałowe, sztywne normy licencjonowania oddziałów, ograniczanie portfeli kredytowych poprzez wskaźnik depozytów kredytowych nawet w przypadku funduszy masowych, wysokie zabezpieczenia kredytów oraz nacisk na profesjonalny audyt pracowników w każdym oddziale to niektóre z restrykcyjnych norm regulacyjnych, które utrudniają ekspansję działalności. Istniejące produkty nie odpowiadają w pełni potrzebom gospodarstw wiejskich, które w większości przypadków zajmują się finansowaniem przedsiębiorstw rolnych i powiązanych łańcuchów wartości, podczas gdy większość instytucji finansowych uważa rolnictwo za bardziej ryzykowną inwestycję. Zgodnie z krajowymi ramami finansowymi włączenia społecznego (2013 r.) podstawowe bariery ograniczające wzrost włączenia społecznego pod względem

16,85 % PKB w skali roku (oszczędności krajowe brutto są obliczane jako PKB pomniejszone o wydatki na spożycie ostateczne (spożycie ogółem)) i oszczędności brutto w wysokości 4 663 936 488,32 USD w 2010 r. (oszczędności brutto są obliczane jako dochód narodowy brutto pomniejszony o spożycie ogółem, plus transfery netto). W ciągu ostatnich 20 lat wartość wskaźnika oszczędności krajowych brutto wahała się od 3 932 926 000 USD w 2010 r. do 195 818 100 USD w 1993 r., podczas gdy w 2008 r. wartość oszczędności krajowych brutto wynosiła 10,31 % PKB.

finansowym do Tanzania obejmują bariery po stronie podaży, począwszy od wysokich stóp procentowych, niewłaściwych usług, które nie zaspokajają potrzeb po stronie popytu, a także wysokich kosztów wynikających z nieefektywności świadczenia usług. Bariery po stronie popytu to m.in. asymetria informacyjna, nieregularne modele dochodów i znajomość finansów.

Ponadto branża ubezpieczeniowa w Tanzanii znajduje się na początkowym etapie rozwoju, ze wskaźnikiem penetracji poniżej 5 procent i dominuje na obszarach miejskich. Branża ubezpieczeniowa rozwija się, obejmując około 30 zakładów ubezpieczeń wspieranych przez siły pośredniczące brokerów ubezpieczeniowych (ponad 110), agentów ubezpieczeniowych (ponad 540), rzeczoznawców i inspektorów strat (ponad 50) oraz likwidatorów. Finscope (2009) wskazuje jednak na niskie wykorzystanie ubezpieczeń, ponieważ formalne wykorzystanie ubezpieczeń wynosiło 6,3 procent, a nieformalne - 2%, co pozostawia 91,2% bez pokrycia. Istnieje kilka instytucji funduszy emerytalnych i funduszy emerytalnych, które świadczą usługi w zakresie zabezpieczenia społecznego, takich jak Narodowy Fundusz Ubezpieczeń Społecznych (NSSF), Parapubliczny Fundusz Emerytalny (PPF), Fundusz Emerytalny Służby Publicznej (PSPF), Fundusz Emerytalny Władz Lokalnych (LAPF), Rządowy Fundusz Świadczeń Pracowniczych (GEPF), Zanzibarski Fundusz Ubezpieczeń Społecznych (ZSSF) i Narodowy Fundusz Ubezpieczeń Zdrowotnych (NHIF). Pokrycie, zakres i adekwatność świadczeń przez fundusze emerytalne i fundusze emerytalne jest na ogół niewielka i tylko 6,5 procent siły roboczej i 3,5 procent ogółu ludności (Kiiza, 2013).

The Household Budget Survey (HBS) in Tanzania is the main source of information on household economic activities, household income and expenditure, housing characteristics as well as asset ownership. Według NBS (2014) spożycie i wydatki gospodarstw domowych są jednym z głównych elementów badań budżetów gospodarstw domowych. HBS wykorzystuje dwa różne narzędzia gromadzenia danych, a mianowicie: (i) indywidualny pamiętnik prowadzony przez członków gospodarstwa domowego w wieku co najmniej 5 lat z pamiętnikiem przechowywanym przez 28 dni; oraz (ii) rejestrowanie wydatków i konsumpcji za pomocą metody wycofania z rynku. Wyniki Badania Budżetu Gospodarstw Domowych 2011/2012 pokazują znaczący wzrost o 20,6% całkowitej konsumpcji w wiejskich gospodarstwach domowych w porównaniu z poprzednimi HBS przeprowadzonymi w 2007 r. (średnia miesięczna konsumpcja gospodarstw domowych w szylingach tanzańskich 132 589 w 2007 r. do 272, 957 w 2012 r.). Ponadto, HBS odnotowuje 23,6 procent kapitału na rozpoczęcie działalności gospodarczej na obszarach wiejskich, który pochodzi z własnych oszczędności. Rezultatem HBS są empiryczne ustalenia, które nawet biedni mieszkańcy wsi oszczędzają. Dlatego też motywem jednostki do oszczędzania jest temat dokładnie zbadany w niniejszym badaniu.

Narodowe oszczędności brutto w Tanzanii jako procent dochodu narodowego brutto (DNB), jak również produktu krajowego brutto (PKB) stale rosły w ciągu ostatnich dwóch dekad[4]. Na podstawie danych z rachunków narodowych Bank Światowy, Organizacja

[4] Oszczędności brutto to różnica między dochodem narodowym brutto a spożyciem publicznym i prywatnym, powiększona o bieżące przelewy netto.

Współpracy Gospodarczej i Rozwoju (OECD) i Międzynarodowy Fundusz Walutowy (MFW) oszacowały oszczędności brutto jako procent DNB i PKB w 2011 r. odpowiednio na 20,58 i 20,44. Najwyższa wartość oszczędności brutto jako procent dochodu narodowego brutto w ciągu ostatnich dwudziestu lat wyniosła 24,87 w 2010 roku, a najniższa - 3,72 w 1993 roku.

Na podstawie danych z rachunków narodowych dotyczących inwestycji krajowych brutto oraz opartych na bilansie płatniczym danych dotyczących inwestycji zagranicznych szacuje się, że w 2013 r. oszczędności krajowe brutto wyrażone w procentach PKB wyniosą 24,29, co daje następujące wyniki Tanzania numer 52 w światowych rankingach. Średnia światowa oszczędność brutto jako wartość procentowa PKB wynosi 18,95 procent; Tanzania jest o 5,34 wyższa od średniej. Wydatki na spożycie ostateczne sektora instytucji rządowych i samorządowych wyrażone jako procent PKB w Tanzanii odnotowano w[5] 2010 r. na poziomie 17,58, podczas gdy wydatki na spożycie ostateczne gospodarstw domowych wyrażone jako procent PKB w Tanzania Według raportu Banku Światowego opublikowanego w 2011 roku, w 2010 roku wyniósł on 65,58[6].

5 Wydatki na spożycie ostateczne sektora instytucji rządowych i samorządowych (wcześniej spożycie ogólnospołeczne) obejmują wszystkie bieżące wydatki rządowe na zakup towarów i usług (w tym wynagrodzenia pracownicze). Obejmuje on również większość wydatków na obronę narodową i bezpieczeństwo, ale nie obejmuje rządowych wydatków wojskowych, które są częścią tworzenia kapitału rządowego.

6 Wydatki gospodarstw domowych na spożycie ostateczne (wcześniej spożycie prywatne) to wartość rynkowa wszystkich towarów i usług, w tym produktów trwałych (takich jak samochody, pralki i komputery domowe), kupowanych przez gospodarstwa domowe. Nie obejmuje ona zakupów lokali mieszkalnych, ale obejmuje czynsz kalkulacyjny za lokale mieszkalne zamieszkane przez właścicieli. Obejmuje ona również płatności i opłaty na rzecz rządów za uzyskanie zezwoleń i licencji. W tym przypadku wydatki na spożycie w gospodarstwach domowych obejmują wydatki instytucji niekomercyjnych działających na rzecz gospodarstw domowych, nawet jeżeli są one zgłaszane oddzielnie przez dany kraj. Pozycja ta obejmuje również wszelkie rozbieżności statystyczne w wykorzystaniu zasobów w stosunku do ich dostawy.

Sektor bankowy w Tanzania Przedstawia coraz większe oszczędności. Według raportu rocznego nadzoru bankowego z 2011 roku, struktura pasywów sektora bankowego stale rośnie, a depozyty klientów pozostają główną pozycją pasywów, wynoszącą 93,54 procent. Rekordy Kiiza (2013) zwiększyły oszczędności *per capita*, w szylingach tanzańskich, 193 020,26 w 2009 roku do 294 397,07 w 2012 roku. Również Michael w 2008 r. stwierdził, że model oszczędzania gospodarstw domowych przez mikroprzedsiębiorstwa oraz małe i średnie przedsiębiorstwa stanowi 20 procent całkowitego dochodu gospodarstwa domowego.

Powyższa dyskusja na temat przeglądu perspektyw finansowych i ubezpieczeniowych w Tanzanii wyjaśnia sytuację na rynkach kredytowych i ubezpieczeniowych. Jak przedstawił Rutherford w 2000 r., wobec braku funkcjonujących rynków kredytowych i ubezpieczeniowych, gospodarstwa domowe lub osoby fizyczne mają tendencję do oszczędzania w celu radzenia sobie z ryzykiem lub zarządzania nim. W tym przypadku oszczędzanie staje się pragmatyczną możliwością zaspokojenia potrzeb w zakresie płynności finansowej. Również oszczędzanie spełnia aspekty zapobiegawcze związane z ochroną socjalną. Dlatego też skuteczne rynki finansowe i ubezpieczeniowe odgrywają ważną rolę w uwalnianiu oszczędności od zarządzania ryzykiem związanym z gospodarstwem domowym do inwestowania w środki utrzymania w celu poprawy standardu życia gospodarstw domowych i ograniczenia ubóstwa. W związku z tym istnieje silne powiązanie między rynkiem kredytów i ubezpieczeń a oszczędnościami gospodarstw domowych lub osób indywidualnych.

1.3 Stwierdzenie problemu

Co popycha lub przyciąga mieszkańców wsi w Tanzanii do ratowania? Chociaż badania wykazały, że ludność wiejska w Afryce Subsaharyjskiej, w tym w Tanzanii, oszczędza, niewiele wiadomo o czynnikach, które wpływają na oszczędzanie i akumulację aktywów. Ponadto w wielu badaniach dotyczących oszczędzania ocenia się zazwyczaj czynniki warunkujące oszczędzanie na poziomie makro (globalnym, krajowym i regionalnym), przy czym niewiele badań przeprowadzono na poziomie gospodarstw domowych na obszarach wiejskich.

Istnieją dowody na to, że oszczędności gospodarstw domowych w przeliczeniu na jednego mieszkańca rosną wraz ze wzrostem usług finansowych na obszarach wiejskich w Tanzanii. Na przykład Kiiza (2013) informuje o 3000 wiejskich Towarzystw Kredytowych i Spółdzielczych (RUSACCOS) w Tanzanii, których oszczędności w przeliczeniu na jednego mieszkańca wzrosły do 294.397 TZS w 2012 roku. Jak podkreślają Dercon (1996) i Ravi (2006), dwie główne kategorie przyczyn oszczędzania przez ubogie gospodarstwa domowe to mianowicie 1) ochrona *ex-ante* przed ryzykiem oraz 2) zarządzanie *ex-post* ryzykiem, które przy relatywnym braku pełnego rynku kredytowego i ubezpieczeniowego wiejskie gospodarstwa domowe oszczędzają na ograniczaniu i radzeniu sobie z ryzykiem związanym z niepewnością dochodów. Jednak biorąc pod uwagę fakt, że oszczędności gospodarstw domowych zależą zarówno od czynników wewnętrznych, jak i zewnętrznych, takich jak dochody, wiek, płeć, zawód, wykształcenie, wielkość rodziny, stan cywilny, kultura, położenie geograficzne, gospodarka, polityka itp.

Teoria ekonomiczna dostarcza jednak szeregu motywów, które przyciągają lub popychają gospodarstwa domowe do oszczędzania, w tym motywów związanych z cyklem życia, stałych dochodów, motywów zapisu, motywów zapobiegawczych. Badanie przeprowadzone przez Dauner (2004) nakreśla szereg przyczyn i motywów oszczędzania w gospodarstwie domowym, w tym: (i) zmniejszenie podatności na wstrząsy, tj. dochody, zdrowie, śmierć, itp.; (ii) akumulacja kwot ryczałtowych; (iii) zaspokojenie potrzeb życiowych, tj. narodzin, ślubu, śmierci; (iv) zapewnienie inwestycji w kapitał ludzki, fizyczny i społeczny; (v) zapisanie w spadku krewnych i przyjaciół oraz uzyskanie kredytu. Nawet jeśli wszystkie powyższe motywy oszczędnościowe można by znaleźć w każdym kraju, to i tak mogą występować różnice pomiędzy krajami pod względem znaczenia, jakie gospodarstwa domowe przywiązują do każdego motywu. Ponadto, biorąc pod uwagę, że motywy związane z oszczędzaniem odgrywają różną rolę w społecznych i ekonomicznych aspektach gospodarstwa domowego, ponieważ niektóre z nich wzmacniają atrybuty społeczne, podczas gdy inne sprzyjają perspektywom gospodarczym; dlatego też rodzaj motywów realizowanych przez gospodarstwa domowe ma konotację z ograniczaniem ubóstwa.

W Tanzanii istnieje niewiele badań empirycznych z lekkim akcentem motywów oszczędzania w gospodarstwach domowych, takich jak prace Lwoga *i in.*, (1999), Bollinger *i in.* (1999), Kamuzora i Mkanta (2000), Lundberg *i in.* (2003), FSDT (2006),

Christiaensen *i in.* (2006), Wolfe (2009), Kessy i *in.* (2011), Hussein i Kajiba (2011) oraz Green *i in.* Nawiasem mówiąc, większość tych badań odnosi się również do kardynalnych zasad, które popychają lub przyciągają gospodarstwa domowe do oszczędzania, np. niedoskonałe rynki ubezpieczeniowe i kredytowe, cykl życia[7]i motywy zapobiegawcze. Oprócz tego, że w badaniach tych pokrótce podkreśla się motywy oszczędzania, istnieje również luka metodologiczna w zakresie rodzaju wykorzystywanych danych (zazwyczaj dane wtórne), próbkowania (większość tych badań odbywa się w miastach), jednostek badawczych (więcej uwagi poświęca się rządowi, korporacjom i osobom zamożnym) oraz metod analitycznych (niektóre badania stosują modele liniowe do analizy danych, które w większości przypadków są jakościowe lub kategoryczne).

Dercon (1996), Salam i Kulsum (2001), Horioka (2009) i inni ogólnie zgadzają się, że wiele przyczyn niewystarczających badań empirycznych nad oszczędnościami w krajach rozwijających się to: (i) nieodpowiedni eksperci, (ii) brak danych, (iii) nieodpowiednie fundusze, (iv) słaba infrastruktura transportowa i komunikacyjna oraz (vi) mniejsza motywacja i zainteresowanie naukowców. Jak wskazali Sherraden i McKernan (2010), liczba badań empirycznych dotyczących zachowań oszczędnościowych osób o średnich i wyższych dochodach rośnie, podczas gdy gospodarstwa domowe o niskich dochodach, zwłaszcza na obszarach wiejskich, otrzymują niewiele uwagi, co ma miejsce również w Tanzanii.

7 Akumulacja aktywów, w tym jako proxy dla oszczędności

Dlatego też badacz uzupełnia wysiłki zmierzające do wypełnienia luki informacyjnej na temat motywów oszczędzania w wiejskich gospodarstwach domowych, przeprowadzając niniejsze badanie, uznane przez badacza za pierwsze w historii kompleksowe badanie różnych teorii oszczędzania z wykorzystaniem danych pochodzących od mieszkańców wsi w Tanzanii. Koncentracja tego badania na "determinantach oszczędzania w gospodarstwie domowym" po stronie popytu, badających motywy oszczędzania, ma na celu wypełnienie luki informacyjnej, ponieważ wielu badaniom poświęconym czynnikom i poziomowi oszczędzania, np. marginalnej skłonności do oszczędzania, poświęca się zwykle dużą uwagę stronę podaży.

1.4 Cele badania

1.4.1 Cel ogólny

Ogólnym celem jest podkreślenie motywów oszczędzania w wiejskich gospodarstwach domowych w Tanzanii poprzez zbadanie różnych teorii oszczędzania.

1.4.2 Cele szczegółowe

Szczegółowe cele badania są następujące:

i. Określenie motywów oszczędzania w wiejskich gospodarstwach domowych w Tanzanii;

ii. Oceniać przełączanie motywów oszczędzania;

iii. Ustalenie związku między motywami oszczędzania a cechami demograficznymi; oraz

iv. Pewien czasowy wymiar rozkładu zapisu między *transferami in-vivos* a *transferami międzypokoleniowymi*[8]

1.5 Hipotezy badawcze

Hipotezy tego badania są następujące:

1. Motywy oszczędnościowe w wiejskich gospodarstwach domowych są racjonalne
2. Wiejskie gospodarstwa domowe nie wyłączają motywów oszczędnościowych

Hipotezy badawcze opierają się na neoklasycznej ekonomii oszczędzania w ramach teorii zorientowanych na jednostkę. Neoklasyczna teoria ekonomiczna zakłada, że jednostki są istotami racjonalnymi, które reagują w przewidywalny sposób. W szczególności, hipotezy te opierają się na hipotezie cyklu życia i hipotezie stałego dochodu opisanej w części niniejszej pracy przeglądowej literatury.

1.6 Znaczenie badania

Wyniki tego badania służą wielu celom. Po pierwsze, badanie informuje różne zainteresowane strony, w tym wychowawców, doradców finansowych i decydentów politycznych, którzy pomagają gospodarstwom domowym oszczędzać na poczet własności domu, edukacji dzieci i emerytury. Po drugie, skupienie się w niniejszym badaniu na motywach oszczędnościowych gospodarstw domowych na obszarach wiejskich jest jednym z kroków w kierunku zwiększenia wiedzy społeczeństwa na temat

8 *Przekazy in-vivos odnoszą się do spadków (dziedziczenia) rozłożonych praktycznie* przed śmiercią, natomiast przekazy *międzypokoleniowe odnoszą się* do spadków (dziedziczenia) rozłożonych praktycznie po śmierci.

motywów oszczędnościowych i ich wpływu na walkę z ubóstwem. Po trzecie, badanie dostarcza informacji dla opartych na dowodach zaleceń politycznych mających na celu poprawę wykorzystania oszczędności na obszarach wiejskich, a jego ostatecznym celem jest zmniejszenie ubóstwa na obszarach wiejskich. Po czwarte, badanie stanowi również wkład do istniejącej literatury empirycznej na temat roli oszczędnościowych motywów gospodarstw domowych na wsi i służy jako punkt odniesienia dla dalszych badań. Po piąte, wyniki tego badania dostarczają informacji służących wzmocnieniu istniejących polityk rozwoju obszarów wiejskich. Wreszcie, badanie przyczynia się do zmniejszenia ubóstwa poprzez świadome i oparte na dowodach podejmowanie decyzji na wielu poziomach, tj. indywidualnym, gospodarstwa domowego, rządu zarówno na szczeblu centralnym, jak i lokalnym.

1.7 Zakres i ograniczenia badania

1.7.1 Zakres badań

Badanie to podkreśla motywy oszczędzania w wiejskich gospodarstwach domowych w Tanzanii w oparciu o teorie oszczędzania w trzech klasach perspektyw oszczędzania, a mianowicie: 1) perspektywa indywidualna; 2) perspektywa socjologiczna; oraz perspektywa instytucjonalna. Chowa *i in.* (2012) informują, że badanie i wyjaśnianie uwarunkowań oszczędzania i budowania majątku przyciągnęło uwagę naukowców z wielu dyscyplin. Badanie to ogranicza się do teorii oszczędzania w trzech klasach perspektyw. Ponadto, jeśli chodzi o dwa skrzydła oszczędzania viz po *stronie podaży* dotyczące wzorca oszczędzania (stopa lub poziom oszczędności) i po *stronie popytu* dotyczące powodów lub motywów oszczędzania to szczególne badanie ogranicza się do tego ostatniego skrzydła, które podkreśla motywy oszczędzania przez mieszkańców obszarów wiejskich w Tanzanii.

1.7.2 Ograniczenie badań

Szereg czynników ograniczających, na które warto zwrócić uwagę w niniejszym badaniu, to: (i) duży rozmiar kraju stanowił pewne wyzwanie logistyczne, (ii) zróżnicowany profil społeczno-ekonomiczny respondentów miał wpływ na zrozumienie badanego przedmiotu oraz (iii) wyzwanie dotyczące gotowości i dostępności docelowych respondentów "głów gospodarstw domowych lub ich przedstawicieli". Prawidłowe planowanie, wzmocnione relacje i podejście pomogły w przeciwdziałaniu powyższym czynnikom ograniczającym, które doprowadziły do pomyślnego zakończenia badania.

1.8 Organizacja pracy dyplomowej

Ta teza jest podzielona na pięć rozdziałów. Te rozdziały mają różne role do odegrania w ukończeniu zestawu tej konkretnej tezy. Rozdziały mają następującą treść jako główną.

W rozdziale pierwszym określono kontekst badania, przedstawiając podstawowe informacje, rozwiązując problem i podkreślając znaczenie tego badania. Szczegółowe cele badawcze i hipotezy badawcze znajdują się w tym rozdziale.

W rozdziale drugim przedstawiono stan wiedzy na temat tego problemu. Przedstawiony jest on jako przegląd literatury koncentrujący się na zachowaniach oszczędzających w gospodarstwach domowych. W tym rozdziale przedstawiono teorie i badania empiryczne od poziomu globalnego do lokalnego (Tanzania). W dalszej części rozdziału przedstawiono ramy koncepcyjne tego opracowania.

W rozdziale trzecim przedstawiono dyskusję na temat koncepcji i praktyk metodologicznych stosowanych w niniejszym opracowaniu do celów gromadzenia i przetwarzania informacji. Celem niniejszego rozdziału jest połączenie zagadnień teoretycznych ustalonych w poprzednim rozdziale z zagadnieniami badawczymi wynikającymi z prowadzenia badań.

W rozdziale czwartym przedstawiono składową narracyjną faktów z terenu w postaci wyników (danych) z prac terenowych. Stanowi to analizę danych, ich prezentację i interpretację w świetle celów badania i hipotez badawczych.

W rozdziale piątym omówiono najważniejsze wyniki badania; wyciągnięto wnioski, sformułowano zalecenia polityczne i zaproponowano obszary dalszych badań.

ROZDZIAŁ II

PRZEGLĄD LITERATURY

2.1 Wprowadzenie

W tym rozdziale przedstawiono przegląd teorii, które wyjaśniają determinanty oszczędności w gospodarstwie domowym. W rozdziale tym dokonano również przeglądu istotnych badań empirycznych dotyczących uwarunkowań oszczędności w gospodarstwach domowych, prowadzonych na różnych poziomach, tj. globalnym, regionalnym i krajowym.

2.2 Definicja oszczędzania

Oszczędzanie jest szeroko definiowane pod wieloma względami, z pewnymi rozbieżnościami co do tego, co się liczy jako oszczędzanie. Jednak od czasu, gdy niniejsze opracowanie koncentruje się na motywach oszczędnościowych w perspektywie ekonomicznej, przyjęta została ekonomiczna definicja oszczędzania.

Według Akademickiego Słownika Ekonomii oszczędności to dochód rozporządzalny po opodatkowaniu sektora gospodarstw domowych, który nie jest wykorzystywany na wydatki konsumpcyjne. Ogólnie rzecz biorąc, oszczędzanie polega na wykorzystaniu dochodu na zakup roszczeń prawnych za pośrednictwem rynków finansowych, a nie na bezpośrednim zakupie fizycznych towarów i usług. W świecie makroekonomicznym, wzorowanym na przepływie kołowym, oszczędzanie polega na przekierowaniu dochodów gospodarstw domowych z dala od konsumpcji na rynki finansowe. W tym modelu oszczędzanie jest podstawowym źródłem środków finansowych wykorzystywanych na wydatki inwestycyjne przedsiębiorstw na dobra inwestycyjne. Oszczędności są również wykorzystywane do finansowania wydatków rządowych (Krishnamurthy, 2011). Według Kotlikoffa (1988 r.) oszczędzanie jest odłożone w czasie, co oznacza, że dochód nie jest konsumowany natychmiast, lecz jest utrzymywany przez pewien okres czasu w celu konsumpcji w przyszłości. W związku z tym, jeśli chodzi o wymiar czasowy okresu lub czasu trwania, oszczędności mogą być wykorzystane w krótkim, średnim i długim okresie.

Znaczenie oszczędności w gospodarstwie domowym

Istnieją niezliczone potrzeby gospodarstw domowych, z których niektóre wymagają natychmiastowego zaspokojenia (i można to zrobić z bieżących dochodów), ale inne pojawią się w niepewnej przyszłości, z których część jest planowana, a część nieprzewidziana. Aby zaspokoić te potrzeby w przyszłości, należy oszczędzać pieniądze, aby być dostępnym w razie potrzeby. Oznacza to, że gospodarstwa domowe muszą poświęcić bieżącą konsumpcję, aby móc konsumować w przyszłości.

Różne powody, dla których gospodarstwa domowe potrzebują środków finansowych w przyszłości, to: trwałe dobra konsumpcyjne, samochód, opłaty, dom, opieka zdrowotna; w większości gospodarstw domowych edukacja ma wysoki priorytet. Wprowadzenie podziału kosztów w usługach społecznych, w tym w instytucjach szkolnictwa wyższego, co skutkuje udziałem gospodarstw domowych w kosztach ponoszonych przez studentów zapisanych do szkół wyższych i uniwersytetów, skłania do korzystania z oszczędności gospodarstw domowych, zwłaszcza w przypadku rodzin ubogich. Nabycie własnego domu jest kolejnym wysokim priorytetem gospodarstwa domowego. Tam, gdzie rynki finansowe nie są dobrze ugruntowane, zwłaszcza na obszarach wiejskich w krajach rozwijających się, aby mieć pieniądze na budowę domu, gospodarstwa domowe muszą oszczędzać.

Biedne gospodarstwa domowe nigdy nie znajdują się w jednorodnej sytuacji. Niektóre zwykłe gospodarstwa domowe korzystają z luksusu stałych miejsc pracy, które są wyposażone w automatyczne mechanizmy oszczędzania, takie jak ubezpieczenia medyczne i systemy emerytalne, niektóre gospodarstwa domowe są właścicielami przedsiębiorstw odnoszących sukcesy, które zapewniają odpowiednie dochody, aby wspierać oszczędzanie na niezbędne i niepotrzebne przyszłe potrzeby. Biednych gospodarstw domowych w większości przypadków nie stać nawet na bardzo potrzebne obecnie towary i usługi konsumpcyjne. Ale muszą też oszczędzać na przyszłe potrzeby. Potrzeby te różnią się od codziennych potrzeb, takich jak żywność i transport oraz często, ale nieprzewidzianych, takich jak koszty pogrzebu. Często żywiciele tych gospodarstw domowych pracują sporadycznie i muszą oszczędzać, gdy są bezrobotni. Dla nich oszczędzanie jest konieczne. Ubogie gospodarstwa domowe mogą chcieć wyzwolić się z biedy i muszą oszczędzać, aby umożliwić im rozpoczęcie jakiejś formy działalności gospodarczej.

2.3. Teorie oszczędzania w gospodarstwie domowym

Podobnie jak Chowa *i in.* (2012) omówienie podstawowych teorii oszczędzania odbywa się poprzez klasyfikowanie istniejących teorii w tych perspektywach: 1) perspektywy zorientowanej na jednostkę; 2) perspektywy stratyfikacji społecznej; oraz 3) perspektywy instytucjonalnej.

(a) Perspektywy zorientowane na jednostkę

Teorie, które tworzą indywidualną perspektywę w tym badaniu obejmują ekonomię neoklasyczną, psychologię ekonomiczną i ekonomię behawioralną.

Neoklasyczna teoria ekonomiczna: Neoklasyczna teoria ekonomiczna zakłada, że jednostki są istotami racjonalnymi, które reagują w przewidywalny sposób na zmiany bodźców[9]. Z tej perspektywy istnieją dwa szerokie wyznaczniki zachowań indywidualnych: szanse (lub ograniczenia) i preferencje indywidualne (Pollak, 1998). Punktem wyjścia dla wielu neoklasycznych badań ekonomicznych nad oszczędzaniem i akumulacją aktywów była Hipoteza cyklu życia (LCH) (Ando i Modigliani 1963; Modigliani i Ando 1957; Modigliani i Brumberg 1954) oraz Hipoteza stałego dochodu (PIH) (Friedman 1957). Inne modele oszczędzania opracowane przez ekonomistów jako rozszerzenie ekonomistów LCH i PIH obejmują modele buforowe i rozszerzone modele cyklu życia, które starają się uwzględniać motywy zapisu i motywy zapobiegawcze. Inne teorie wyjaśniające oszczędzanie to teorie konsumpcji, takie jak teoria absolutnego dochodu i teoria względnego dochodu Keynesa i Dussernberry.

Psychologia ekonomiczna: w przeciwieństwie do neoklasycznej teorii ekonomii ta perspektywa nie zakłada, że ludzie zachowują się racjonalnie i posiadają doskonałą wiedzę. Perspektywa zakłada, że cechy osobowości i zmienne postawy wpływają na oszczędność i akumulację aktywów. Jevons (1965) i Marszałek (1961), choć popierają neoklasyczną ekonomię, wierzyli również, że istnieją różne psychologiczne cechy, które wpływają na pokusę wydawania i rezygnacji z oszczędzania. Jako takie istnieją pewne ustalone modele psychologiczne zachowań oszczędnościowych psychologów, w tym Katony (1975); oraz Olandera i Seipela (1970). Na przykład teoria oszczędzania Katony (1975) jest częściowo zdeterminowana przez dochody, a częściowo przez pewne niezależne czynniki interweniujące. Dwa ważne czynniki to zdolność do oszczędzania i chęć do oszczędzania. Zdolność do oszczędzania odnosi się do tych, którzy potrafią oszczędzać, podczas gdy jako gotowość do oszczędzania wiąże się ze stopniem optymizmu i pesymizmu warunków ekonomicznych (Katona, 1975). Badanie to potwierdza również czynnik zdolności i chęci, ponieważ niektóre osoby, choć nie oszczędzały z powodu ubóstwa, były skłonne do oszczędzania, gdy uzyskiwały dochody.

Psychologiczne i socjologiczne teorie oszczędzania uwzględniają dodatkowe determinanty oszczędzania i akumulacji aktywów, w tym cechy osobowości, motywy, aspiracje, oczekiwania oraz wpływy rówieśników i rodziny. Niektóre z propozycji podkreślają wpływ stosunkowo stabilnych cech osobowości na budowanie aktywów. Inne propozycje psychologiczne i socjologiczne zakładają, że preferencje i aspiracje związane z oszczędzaniem nie są stałe i w rzeczywistości dążą do wyjaśnienia, jak kształtują się motywy, aspiracje i oczekiwania. Propozycje, które podkreślają relatywnie stabilne cechy osobowości, zazwyczaj pochodzą z psychologii. Na przykład psychologowie zbadali wpływ oszczędnego gospodarowania, sumienności, stabilności emocjonalnej, autonomii, ekstrawagancji, ugodowości, nieelastyczności i twardości umysłu na oszczędzanie. Propozycje, które mają na celu wyjaśnienie, w jaki sposób motywy, aspiracje, oczekiwania, a nawet preferencje są kształtowane, pochodzą zarówno z socjologii, jak i psychologii.

Ekonomia behawioralna: ta perspektywa nie zakłada, że ludzie są racjonalni i wszechwiedzący. Integruje ona spostrzeżenia z psychologii i ekonomii. Ekonomia behawioralna kwalifikuje niektóre z nierealistycznych założeń standardowych ekonomicznych modeli ludzkiego zachowania, takich jak nieograniczona racjonalność, nieograniczona siła woli, nieograniczony egoizm (Shefrin i Thaler, 1988); Aisle, 1975; Angeletos, *et al*, 2001; Laibson, 1997; Mullainathan i Thaler, 2000; Shefrin i Thaler, 1998; Thaler 1981) wyjaśniają, że na decyzje z zakresu ekonomii behawioralnej mają wpływ wspólne cechy ludzkie, takie jak samokontrola i zdolność do opóźniania gratyfikacji, rachunkowość umysłowa, stosowanie zasady kciuka, opcje domyślne i dyskontowanie hiperboliczne. Jednakże, biorąc pod uwagę niewielką ilość badań w krajach rozwijających się, niewiele wiadomo na temat mocy wyjaśniających te czynniki w zakresie zachowań oszczędnościowych ubogich gospodarstw domowych o niskich dochodach na wsi.

Teoretycy zachowań zidentyfikowali szereg powszechnych cech ludzkich, które kształtują zachowania finansowe, w tym brak samokontroli (ludzie mają tendencję do przywiązywania zbyt dużej wagi do obecnej konsumpcji w porównaniu z konsumpcją w przyszłości); ograniczone zdolności poznawcze (ludzie nie zawsze uczą się na błędach, a ludzie są zwykle przytłoczeni zbyt wieloma wyborami); bezwładność (ludzie mają tendencję do kontynuowania tego, co robią obecnie); tendencja do interpretowania opcji domyślnych jako porady; oraz tendencja do stosowania technik rachunkowości umysłowej.

(b) Perspektywa socjologiczna

Według Gina *i in.* (2012) perspektywa ta pociąga za sobą teorię stratyfikacji społecznej odnoszącą się zasadniczo do podziału władzy w społeczeństwie. Podziały w społeczeństwie, oparte na władzy uwarunkowanej ekonomicznie, nazywane są klasami, które odnoszą się do każdej grupy ludzi, która znajduje się w tej samej sytuacji ekonomicznej (D'Souza, 1981; Weber, 1967). Rozwarstwienie klasowe i społeczne ma silne strony w wyjaśnianiu czynników wpływających na zachowania oszczędnościowe wśród gospodarstw domowych o niskich dochodach, ponieważ klasa odnosi się do posiadania (lub braku) zasobów (ekonomicznych lub innych) niezbędnych osobom fizycznym i gospodarstwom domowym do oszczędzania i budowania swojego majątku. Osoby i rodziny z niższych klas ekonomicznych mają ograniczony dostęp do informacji, zasobów i usług, które mogą pomóc im w oszczędzaniu i gromadzeniu zasobów w czasie. Badanie to wykazało również, że niektórzy respondenci oszczędzali, aby inwestować w akumulację aktywów, takich jak rowery i motocykle, w celu uzyskania wyższego *statusu-qou* w swoich rodzinach i społeczności. Zawód i edukacja są jednymi z ważnych czynników związanych z klasą, które są wyjaśniane przez perspektywy socjologiczne.

(c) Perspektywa instytucjonalna

Teoria instytucjonalna twierdzi, że osoby i gospodarstwa domowe mają do czynienia z czynnikami na poziomie instytucjonalnym, które uniemożliwiają lub utrudniają ratowanie. Główna hipoteza teorii instytucjonalnej zakłada, że osoby o niskich dochodach i rodziny nie są w stanie oszczędzać i gromadzić majątku przede wszystkim dlatego, że nie mają takich samych możliwości instytucjonalnych, jakie otrzymują osoby o wyższych dochodach i gospodarstwa domowe (Beverly i Sherraden, 1999; Sherraden, 1991). Instytucje w teorii instytucjonalnej odnoszą się do celowo tworzonych polityk, programów, produktów i usług, które kształtują możliwości, ograniczenia i konsekwencje. Hipoteza o wpływie na oszczędności i akumulację aktywów dotyczy siedmiu wymiarów instytucjonalnych. Te wymiary to dostęp, informacja, zachęty, ułatwienia, oczekiwania, ograniczenia i bezpieczeństwo (Beverly i Sherraden *i in.,* 1999; Beverly i in., 2008; Sherraden i Barr, 2005; Sherraden i *in.*, 2003). W niniejszym badaniu stwierdzono istnienie aspektu instytucjonalnego wpływającego na oszczędności gospodarstw domowych, ponieważ niektórzy respondenci tego badania doświadczali również wykluczenia finansowego ze względu na warunki utrudniające świadczenie usług finansowych na obszarach wiejskich.

Wyjaśnienie dominujących teorii w oszczędzaniu

Na obecnym etapie rozwoju żadna z istniejących teorii nie stanowi odpowiedniego wyjaśnienia dla oszczędzania i akumulacji aktywów w gospodarstwach domowych o niskich dochodach. Jednakże neoklasyczne modele ekonomiczne są zazwyczaj jasno określone i rygorystycznie testowane, a ponadto istnieje szeroki zakres prac naukowych.

Dlatego też niniejsze opracowanie ograniczy się do neoklasycznej teorii ekonomii, podkreślając poglądy keynesistowskie i dyskusję na temat dwóch głównych hipotez dotyczących oszczędzania i akumulacji aktywów, a mianowicie hipotezy cyklu życia (LCH) i hipotezy stałego dochodu (PIH).

2.3.1 Teorie keynesistyczne dotyczące oszczędzania

Bezwzględna hipoteza dochodowa Keynesa jest podstawową teorią o uwarunkowaniach oszczędzania, która stworzyła podstawy dla obszernych badań teoretycznych i empirycznych nad zachowaniami oszczędnościowymi gospodarstw domowych. Zgodnie z bezwzględną hipotezą dochodową oszczędność jest uważana za dobro luksusowe, a nie za konieczność, przy czym obie stanowią tradycyjną teorię popytu. W związku z tym teoria Keynesa podkreśliła, że podstawowym motywem oszczędzania bogatych jest spadek w zakresie nieruchomości. Keynes, o których wspomina Modigliani (1986) identyfikuje osiem motywów oszczędzania, którymi są:

1. aby stworzyć rezerwę na nieprzewidziane nieprzewidziane zdarzenia;
2. w celu zapewnienia oczekiwanej przyszłej relacji między dochodami a potrzebami jednostki;
3. do otrzymywania odsetek i aprecjacji kapitału
4. aby cieszyć się stopniowo rosnącym poziomem wydatków;
5. cieszyć się poczuciem niezależności i władzy do działania, choć bez wyraźnego pomysłu czy konkretnego zamiaru działania;

6. aby zapewnić *masowe manewry w* celu realizacji projektów spekulacyjnych lub biznesowych;
7. by odziedziczyć fortunę;
8. aby zaspokoić czystą chciwość, tj. nierozsądne, lecz uporczywe zahamowanie wydatków jako takich (*chciwość*).

Keynes wyjaśnił, że dochód jest najbardziej systematycznym wyznacznikiem indywidualnego (domowego) oszczędzania. Osoby o niskich dochodach nie mogą oszczędzać. Dlatego keynesistyczna funkcja oszczędzania w swojej najczęściej stosowanej formie jest liniowa ze stałą marginalną skłonnością do oszczędzania (MPS).[10]

Dlatego: $S=\alpha 0 + \alpha 1YP$...(i)

Gdzie:

S= oszczędności krajowe brutto

YP=rodukt krajowy brutto oraz

$\alpha 1$=ciągła marginalna skłonność do oszczędzania.

Przyjmuje się, że $\alpha 0<0$, a $0<1<1$,αtak że wraz ze wzrostem poziomu dochodów wzrośnie również średnia skłonność do oszczędzania (Mikesell i Zinser, 1973). Należy zauważyć, że równanie (i) jest najbardziej popularną wersją bezwzględnej hipotezy dochodowej.

10 Marginalna skłonność do oszczędzania (MPS) to wzrost konsumpcji przy jednostkowym wzroście dochodu

Ponadto, Keynes, według Modiglianiego (1986) przewidywał, że średnia skłonność do oszczędzania przeciętnego gospodarstwa domowego wzrośnie, gdy osiągnie ono wyższy poziom dochodów. Ten wkład był ważnym źródłem inspiracji zarówno dla hipotezy stałego dochodu, jak i dla hipotezy cyklu życia.

Niezwykłe jest jednak to, że Browning i Lusardi (1996) w swoich badaniach nad oszczędzaniem w gospodarstwie domowym (ponad pół wieku później, dodali tylko jeszcze jeden motyw, tj. Zauważyli oni, że te motywy są ważne do rozważenia przy empirycznej ocenie funkcji oszczędzania. Ale to pokazuje, jak dokładny był Keynes w swojej obserwacji wzorców oszczędzania w gospodarstwie domowym.

2.3.2 Hipoteza "trwały-niedożywotni

Nawiązując do tej innowacyjnej pracy Keynesa, Friedman (1957) opowiedział się za hipotezą "Permanent-Income Hypothesis" (PIH).[11]

A. Teoria

Hipoteza ta różnicuje trwałe i przejściowe składniki dochodu jako determinanty oszczędności gospodarstw domowych.

- ***Dochód stały definiuje*** się w kategoriach długoterminowych oczekiwań dochodowych w planowanym okresie i przy stałym wskaźniku konsumpcji utrzymywanym przez cały okres życia przy obecnym poziomie zamożności (Muradoglu i Taskin, 1996). Według Samuelsona i Nordhaus (1995) stały

[11] Skrót PIH będzie użyty w pozostałej części raportu w odniesieniu do Hipotezy Stałego Dochodu.

dochód to poziom dochodu, który otrzymują gospodarstwa domowe, gdy usuwane są tymczasowe wpływy, takie jak pogoda lub nieoczekiwane zyski lub straty.

- ***Dochód przejściowy*** to różnica między dochodem rzeczywistym a stałym. Zakłada się, że osoby fizyczne nie konsumują z dochodów przejściowych, a zatem marginalna skłonność do oszczędzania z tych dochodów jest jedna.

Według Rousse'a (1972) dochody i zamożność były zróżnicowane, a Friedman twierdził, że te dwie rzeczy są różne. Z jednej strony Friedman nazwał dochody lub stałe dochody jako dochody z aktywów przeznaczonych do sprzedaży, umiejętności, w związku z zawodem i położeniem geograficznym i tak dalej poszczególnych gospodarstw domowych. Z drugiej strony, bogactwo było uważane przez Friedmana za źródło stałego dochodu z dóbr ludzkich i nie-ludzkich. Podsumowując, Friedman mówi, że przejściowe dochody są głównym źródłem różnicy między dochodami a pojęciami bogactwa. W swoim wyjaśnieniu Modigliani (1986) doszedł do wniosku, że w krótkim okresie czasu, takim jak rok, oszczędności mogą być przeliczane lub wykorzystywane w zależności od stopnia, w jakim dochód zmienia się od średniej. Friedman's PIH był pierwszym dużym przełomem w badaniach nad zachowaniami oszczędnościowymi gospodarstw domowych. Mikesell i Zinse (2001) twierdzą, że "PIH Friedmana jest punktem wyjścia dla różnych specyfikacji relacji oszczędności do dochodów".

W swojej najprostszej formie liniowe równanie jest:

$St = \alpha 0 + \alpha 1YPt + \alpha 2YTt$..(ii)

Gdzie:

Oszczędności krajowe brutto w roku t

$\alpha 1$=ciągła marginalna skłonność do oszczędzania

YPt=stały dochód i

YTt=dochód przejściowy w roku t.

Równanie (ii) jest najprostszą specyfikacją hipotezy stałego dochodu. Friedman wyjaśnił, że przy $\alpha 1$ osoba nie konsumuje prawie żadnego przejściowego dochodu, gdzie marginalną skłonnością do oszczędzania na tym przejściowym dochodzie będzie jedność (MPSt=1). Wielkość krańcowych skłonności do oszczędzania z dochodu stałego i przejściowego, jak również wpływ początkowego bogactwa na oszczędzanie jest istotna dla badań empirycznych PIH. Niemniej jednak, zmiany w przychodach przejściowych automatycznie spowodują zmiany w poziomie oszczędności. Argumentem jest to, że nie można generalnie przewidzieć przejściowego dochodu, ponieważ jest on wynikiem zdarzeń takich jak dziedziczenie (Rousseas, 1972). Ponadto, Friedman (1957) podniósł kwestię nierówności dochodów i oszczędności. Twierdził on, że zmniejszenie nierówności w statusie stałego dochodu jest neutralne w stosunku do wskaźnika oszczędności (*ceteris paribus*). Jest to nierówność w przejściowych składnikach dochodu, co oznacza niepewność co do perspektyw dochodu, co z kolei zwiększa potrzebę oszczędzania na wypadek sytuacji kryzysowych, jak postulowali Mikesell i Zinser (1973).

B. Ocena krytyczna

Hipoteza Stałego Dochodu Freidmana poszerzyła literaturę na temat zachowań oszczędzających w gospodarstwie domowym o istotne wsparcie w postaci wyników badań empirycznych. Kelley i Williamson (1968) znaleźli pozytywną relację między bogactwem a dochodami, w której marginalna skłonność do oszczędzania ma tendencję do wzrostu w stosunku do bogactwa i dochodów. Ponadto, według Gupty (1970), marginalna skłonność do oszczędzania w niższym poziomie rozwoju wykazuje rosnącą funkcję dochodu.

Różnica między dochodem rozporządzalnym a konsumpcją została ponownie zdefiniowana przez Campbell w 1987 r. Posługując się teorią Freidmana, Campbell wyznaczył dochód do dyspozycji, który ma stanowić zysk i dochód z aktywów. Wyniki badań Carroll i Summers z 1991 r. wykazują ujemne oszczędności w stosunku do przewidywanego wzrostu dochodów, tak więc hipoteza o stałym dochodzie jest spójna z oszczędnościami gospodarstw domowych. Podają oni przykład mieszkańców Tajlandii, Indonezji, Japonii, Korei, Hongkongu i Tajwanu, którzy zmniejszyliby oszczędności dzięki stałemu wzrostowi dochodów swoich gospodarstw domowych. W następstwie globalnego spowolnienia gospodarczego w latach 70., które spowodowało zmniejszenie się wzrostu dochodów gospodarstw domowych, wzrost oszczędności gospodarstw domowych stał się alternatywą dla łagodzenia przyszłej konsumpcji (Viard, 1993). Dlatego też powyższa dyskusja potwierdza fakt, że dochód jest jednym z wyznaczników oszczędności gospodarstw domowych. Gdy dochód zwiększa się, oszczędności również rosną, ale gdy dochód rośnie w dłuższej perspektywie czasowej, osiągają punkt, w którym gospodarstwo domowe ma tendencję do zmniejszania oszczędności.

Modigliani w 1986 r. podkreślił ograniczenia leżące u podstaw hipotezy o stałym dochodzie, którą jest systematyczne zróżnicowanie dochodów i potrzeb. Na przykład hipoteza stałego dochodu nie uwzględniała zmian zachodzących w cyklu życia gospodarstwa domowego, w tym emerytury i zmian w wielkości rodziny. Modigliani twierdzi również, że innym niedoborem hipotezy stałego dochodu jest pominięcie motywów zapisu, ponieważ gospodarstwa domowe oszczędzają również na spadkobiercach. Istnieje szereg badań empirycznych dotyczących hipotezy stałego dochodu, które wykazują rozbieżności zarówno w krajach rozwijających się, jak i uprzemysłowionych. Na przykład Betancourt (1971) dla Chile, Musgrove (1978) dla Ameryki Łacińskiej i Bhalla (1980) dla Indii przeprowadziły badania empiryczne nad oszczędzaniem w gospodarstwach domowych, w wyniku których stwierdzono, że oszczędzanie będzie rosło wraz ze stałym dochodem, zgodnie z tradycyjną definicją, co oznacza, że elastyczność konsumpcji w odniesieniu do mierzonej konsumpcji jest mniejsza niż jedność.

2.3.3 Hipoteza cyklu życiowego

Teoria cyklu życia zachowań oszczędzających została po raz pierwszy sformalizowana przez Franco Modiglianiego i Richarda Brumberga w 1954 roku oraz Alberta Ando i

Modiglianiego w 1963 roku. Doprowadziło to do ważnej post-Keynesowskiej debaty, która w znacznym stopniu przyczyniła się do teoretyzowania na temat oszczędzania.

A. Oryginalne sformułowanie

Pierwotnie Hipoteza cyklu życia (Life-Cycle Hypothesis - LCH) została sformułowana jako teoria indywidualnych zachowań oszczędnościowych. W związku z tym przeanalizowano indywidualne zachowania w zakresie oszczędzania, aby śledzić konsumpcję osób przez całe życie w odniesieniu do akumulacji oszczędności w okresie produktywności w celu utrzymania poziomu konsumpcji w okresie emerytalnym. Ta teoria zakłada:

(i) Że istnieją możliwości, w których dochód jest stały do czasu przejścia na emeryturę i zerowy, a następnie zerowe stopy procentowe

(ii) Smaki lub preferencje mają być stałe przez całe życie, bez zapisów (brak dzieci)

Uproszczone założenia tego modelu zostały przedstawione na rysunku 2.1 poniżej. Jest on określany jako podstawowa lub "odarta" wersja modelu cyklu życia (Modigliani, 1986). Głównym motywem lub powodem do oszczędzania jest tutaj emerytura i zdobycie bogactwa.

Rysunek 2.1 Podstawowy model ścieżki cyklu życia oszczędności i bogactwa

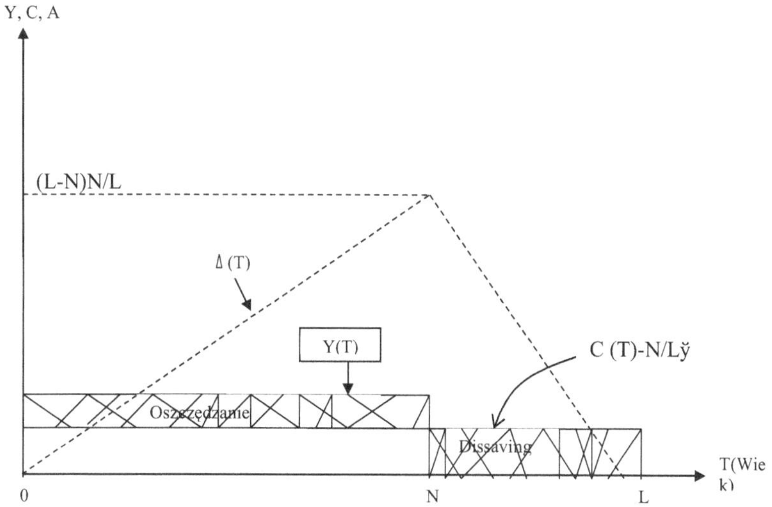

DOCHODY, KONSUMPCJA, OSZCZĘDZANIE I BOGACTWO W FUNKCJI WIEKU

Źródło: Modigliani (1986)

Rysunek 2.1 przedstawia graficzną ilustrację oryginalnego LCH. Przedstawia rozkład wieku dochodów, konsumpcji, oszczędności i bogactwa (Y, C, A), do stałej liczby osób w każdym przedziale wiekowym (T). [(L-N) N/L]Y jest stosunkiem dochodu do wieku w stanie równowagi N.C (T)-[N/L]ў jest stosunkiem konsumpcji w stanie równowagi, w którym następuje rozpuszczenie. N i L wskazują przedziały wiekowe. Δ (T) to krzywa nachylenia w górę cyklu życia ratownictwa. Y (T) oznacza wiek, w którym ludzie oszczędzają. Faza przejścia na emeryturę następuje po rozpiętości zarobków, a wygładzanie konsumpcji prowadzi do garbatej ścieżki wiekowej posiadania majątku.

Harrod (1948) nazwał go "garbowym". Zagregowany wskaźnik zamożności/dochodów (W/R) jest podawany przez stosunek całkowitego posiadanego majątku w każdym wieku (na wykresie jest to obszar objęty ścieżką zamożności do obszaru objętego ścieżką dochodów). Może to być prawdą tylko w gospodarce stacjonarnej. Według Modiglianiego plan emerytalny jest zgodny z rozpiętością zarobków, wygładzanie konsumpcji prowadzi do garbatej ścieżki wiekowej dobrobytu.

B. Późniejsze udoskonalenia modelu

Modigliani podkreślał punkt widzenia Hipotezy Cyklu Życia poprzez szereg późniejszych prac naukowych. W modelu cyklu życia postuluje się, aby osoby fizyczne brały pod uwagę przyszłe okresy życia, jednocześnie oszczędzając na bieżących dochodach. Osoby fizyczne mają tendencję do uwzględniania stanu życia w przyszłości w wieku emerytalnym, co wpływa na oszczędzanie bieżących dochodów. W 1986 r. Modigliani stwierdził, że większość dowodów empirycznych nie obejmowała niedobrowolnych oszczędności związanych z zabezpieczeniem społecznym, w tym z systemami emerytalnymi. Biorąc pod uwagę obowiązkowe oszczędzanie w ramach systemu emerytalnego, może to prowadzić do zmniejszenia oszczędności w dochodach do dyspozycji osób fizycznych, o ile osoby te są przekonane, że system emerytalny pomoże w przyszłości zadbać o konsumpcję po przejściu na emeryturę. Modigliani zawsze wyjaśniał, że LCH jest teorią o bogactwie indywidualnym i zagregowanym, oraz że indywidualne bogactwo i oszczędzanie zachowują się zupełnie inaczej niż odpowiadające mu zagregowanie[12]

LCH utrzymuje, że młodzi ludzie w większości rozpoczynają pracę niskopłatną, dzięki czemu zarabiają mało pieniędzy, które ledwo wystarczają na podstawową konsumpcję. Osoby w średnim wieku zazwyczaj osiągają wysokie dochody, ponieważ wymagają doświadczenia i umiejętności, aby otrzymać dobrze płatną pracę, a także mogły awansować na wyższe stanowiska w swoich organizacjach. Młodzi ludzie mieliby mniej oszczędności z powodu niskich dochodów, podczas gdy ludzie w średnim wieku zaoszczędziliby znaczną część swoich dochodów do dyspozycji. Kiedy ludzie w podeszłym wieku zbliżają się do emerytury, mają tendencję do zmniejszania oszczędności, ponieważ zgromadzili oszczędności, które według nich wystarczą im do przejścia na emeryturę aż do śmierci. Nie widzą powodów, by utrzymywać wysoki poziom ratowania, podczas gdy przed śmiercią pozostawały krótkie życie. W innych przypadkach jednostka musi odejść, aby utrzymać swoją konsumpcję blisko swoich potrzeb, aż do śmierci (Modigliani, 1986). Dlatego też zagregowany wskaźnik oszczędności będzie się różnił dla osób młodych, w średnim wieku i starszych. *Ceteris paribus*, im wyższy wskaźnik oszczędności w gospodarstwach domowych w średnim wieku, tym wyższy będzie łączny wskaźnik oszczędności w danym kraju.

[12] Jest to zgodne z tym, co zostało później nazwane "paradoksem oszczędnego gospodarowania". Patrz Mohr i Fourie (2004)

Lata później Masson (1988) i Deaton (1999) zilustrowali model cyklu życia w prosty sposób, jak pokazano na rysunku 2.2.

Rysunek 2.2 Profile wiekowe konsumpcji i dochodów oraz odpowiadające im oszczędności w całym cyklu życia gospodarstwa domowego

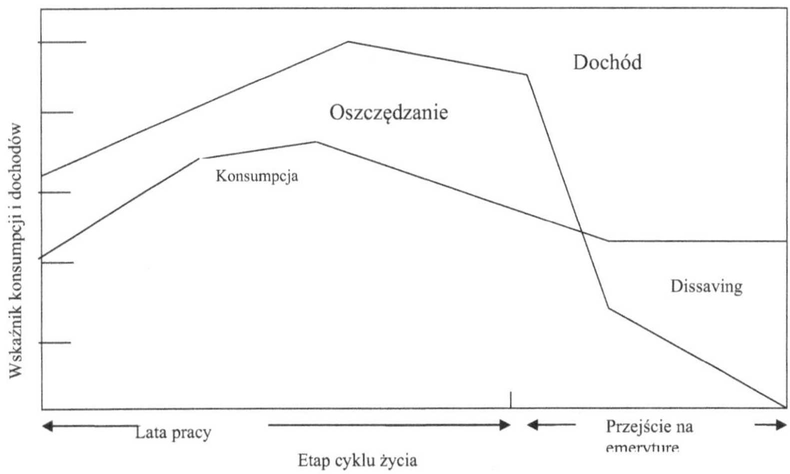

Źródło: Masson (1988)

Na tym wykresie zakłada się, że konsumpcja i zarobki różnią się w całym cyklu życia gospodarstwa domowego, tak że dochód nie jest równy pożądanym wydatkom w dowolnym momencie na doskonałym rynku. Rysunek 2.2 ilustruje również zachowania oszczędzające jednostki w ciągu całego jej życia. Oszczędności rosną wraz ze wzrostem dochodów, które osiągają dojrzałość i zaczynają spadać po długim okresie pracy. Jednak, zgodnie z teorią ratowania cyklu życia, istnieją środki, za pomocą których gospodarstwa domowe mogą od czasu do czasu przesuwać dochody, aby ich konsumpcja mogła zostać zaspokojona (Zeldes, 1989; Deaton, 1989; oraz Attanasio i Browning, 1995). Dlatego też w okresach wysokich zarobków w stosunku do konsumpcji pożądanej gospodarstwa domowe oszczędzają, a w okresach niskich zarobków w stosunku do wysokiej konsumpcji gospodarstwa domowe rezygnują. Dlatego też dochody rosną w ciągu całego cyklu życia, aż do emerytury. Emerytura jest więc głównym motywem oszczędzania.

Jedną z konsekwencji wynikających z LCH jest to, że im wyższy wskaźnik obciążenia demograficznego, tym mniejsze będą łączne oszczędności gospodarstw domowych, ponieważ osoby te rezygnują z pracy na emeryturze. Zatem łączne oszczędności w dowolnym momencie będą zależały od wskaźnika oszczędności pracujących gospodarstw domowych w porównaniu ze wskaźnikiem oszczędności emerytowanych gospodarstw domowych.

C. Schematyczna wersja modelu Life-Cycle

Jest to bardziej schematyczna wersja niż podstawowy lub prosty model, przedstawiony na rysunku 2.3, podczas gdy garb w konsumpcji odzwierciedla zmieniającą się strukturę demograficzną gospodarstw domowych w miarę rodzenia się, dorastania i wychodzenia dzieci; garb w dochodach odzwierciedla profil wieku standardowego. Zakłada się, że konsumpcja spada na emeryturze, nie z powodu spadku dochodów, ale z innych powodów, takich jak wydatki związane z pracą (np. transport, ubrania robocze, posiłki, itp.). Te rodzaje wydatków są widoczne w krajach rozwiniętych, takie jak Zjednoczone Królestwo i U.S.A. (Deaton, 1999).

Rys. 2.3 Schematyczne profile cyklu życia dochodów i konsumpcji

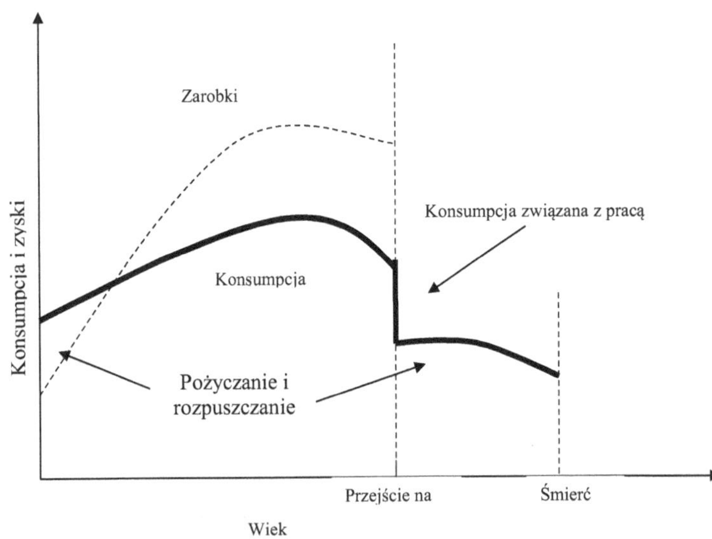

Źródło: Deaton (1999)

Rysunek 2.3 ilustruje typowy cykl życiowy oszczędzania, w którym dana osoba chce pożyczyć na początku swojej kariery zawodowej, zaoszczędzić w średnim wieku, gdy jest w szczytowym momencie swoich zarobków, i zmniejszyć swoje oszczędności (zrezygnować) po przejściu na emeryturę. Jeśli można zmierzyć średni wiek każdego zaoszczędzonego szylinga i każdego pożyczonego lub niezrezygnowanego szylinga, to jak widać, średni wiek zaoszczędzonego szylinga jest mniejszy niż średni wiek niezrezygnowanego szylinga. To może się zdarzyć tylko przy założeniu *ceteris paribus*.

C. Różnica między tymi dwoma teoriami

Hipoteza cyklu życia i Hipoteza stałego dochodu zostały opracowane i opublikowane pod koniec lat pięćdziesiątych. Główna różnica między tymi dwoma teoriami polega na długości okresu planowania lub horyzoncie czasowym.

Horyzont czasowy: hipoteza stałego dochodu ma nieskończony horyzont czasowy, natomiast hipoteza cyklu życia jest modelem horyzontu skończonego (Attanasio, 1999). Dla Friedmana ten okres jest nieskończony, co oznacza, że ludzie oszczędzają nie tylko dla siebie samych, ale także dla swoich potomków czy zapisów. W wersji Modiglianiego-Brumberga okres planowania jest skończony.

Obie teorie wykorzystują koncepcję długoterminowego dochodu. Definicja długoterminowego dochodu różni się w zależności od teorii, ale jest związana z oczekiwanym dochodem gospodarstwa domowego w długim okresie czasu. Według LCH, długoterminowy dochód to dochód, który gospodarstwo domowe spodziewa się uzyskać w ciągu swojego życia (zwany również dochodem z cyklu życia). Założeniem LCH jest to, że każde gospodarstwo domowe ma pogląd na swój życiowy dochód.

Oczekiwany dochód jest przeliczany na jedną wartość dla rocznego stałego dochodu. W teorii LC ten stały dochód jest maksymalną kwotą, jaką gospodarstwa domowe mogłyby wydać na konsumpcję i oszczędzać każdego roku w nieskończoność, nie kumulując długu, który jest przekazywany przyszłym pokoleniom (Lipsey, 1990).

W niektórych przypadkach PIH i LCH dzielą się podobnymi przewidywaniami dotyczącymi indywidualnych zachowań w zakresie oszczędzania, na przykład w odniesieniu do przejściowych szoków dochodowych. Jednak wiele implikacji LCH dotyczących indywidualnych i zagregowanych wskaźników oszczędności jest unikalnych i wyraźnie różni się od wersji modelu o nieskończonym horyzoncie. Rozróżnienie pomiędzy modelami LCH i PIH jest bardziej widoczne, gdy spojrzymy na łączne implikacje. Rzeczywiście, PIH wyjaśnił kilka "zagregowanych" prognoz.

2.4 Krytyczna ocena i ustalenia empiryczne

- Lusardi (1999) podkreśla, że model LCH stanowi główne ramy dla badania akumulacji oszczędności i bogactwa. Wkład ten polega właśnie na dostosowaniu tej teorii do zagregowanych oszczędności gospodarstw domowych zarówno w kontekście stacjonarnym, jak i dynamicznym. Ponadto Deaton (1992) i Modigliani (1993) skomentowali to następująco: "...model przewiduje zależność między wskaźnikami oszczędności a wzrostem dochodów, która jest zbliżona do tej wykazanej w odniesieniu do dowodów przekrojowych". Inne badanie przeprowadzone przez Bank Światowy (1993) również wykazało wysoką korelację między wzrostem dochodów a oszczędzaniem.

- Pomimo empirycznego wsparcia wielu ekonomistów zauważyło ograniczenia. Na przykład, Wolff (1981) podzielił rodziny na trzy klasy: kapitalistów, podstawową klasę robotniczą i drugorzędną siłę roboczą. Stwierdził, że bogactwo cyklu życia odnosi się tylko do podstawowej klasy robotniczej. Katona (1960, 1980) podkreśliła, że psychologiczne aspekty indywidualnych zachowań ekonomicznych są istotne dla motywu oszczędzania. Argumentował również, że dochód jest pozytywnie związany z motywem oszczędzania. Shefrin i Thaler (1988) przeanalizowali behawioralny cykl życia i stwierdzili, że ich model jest modelem bardziej ogólnym, podczas gdy model cyklu życia stanowi jedynie przypadek szczególny.
- Według Mikesella i Zinsera (1973), Weila (1994) i Attanasio *et al* (1999) więcej dowodów na słynny cykl życiowy ratowania pokazało, że niektóre osoby nadal ratowały nawet w starszym wieku. Podczas gdy Carrol (1997) twierdzi, że "typowa oszczędność dla gospodarstwa domowego jest lepiej opisana przez wersję "zapasów buforowych" niż przez tradycyjną wersję modelu PIH/LCH. Caschell (2005) twierdzi, że "w zakresie, w jakim ubezpieczenie społeczne wiąże się z przekazaniem dochodów od osób potencjalnie wysoko oszczędzających na rzecz tych, które oszczędzają mniej".
- Kolejna krytyka polega na tym, że nie potrafi dokładnie przewidzieć. Na przykład, nie używa się reprezentatywnych agentów. Na przykład, w praktyce profile wiekowe konsumpcji i dochodów mają zwykle kształty znacznie

bardziej realistyczne. W związku z tym, w danych nie ma wystarczającej ilości humpsów, aby uwzględnić zagregowane bogactwo w gospodarce, co oznacza, że znaczna część bogactwa narodowego powinna być przypisana do spadków (patrz Kotlikoff i Summers, 1981; Modigliani, 1988; Kotlikoff, 1988 i Deaton, 1997).

Jednak Jappeli (2005 r.) twierdzi: Piękno LCH polega na tym, że agregowanie nie jest uciążliwe, ale stanowi część samego modelu, przynosząc jedne z najciekawszych rezultatów". Jednakże Attanasio i De Leire (1994), Attanasio (1999) oraz Browning i Crossley (2001) wyjaśniają: model cyklu życia zapewnia ogólne ramy, które nie mogą obejmować wszystkich aspektów wpływających na zachowania oszczędnościowe gospodarstw domowych o niskich dochodach.

2.4.1 Inne czynniki wpływające na zachowania oszczędnościowe gospodarstw domowych

Pomimo możliwości zastosowania powyższych tradycyjnych teorii dotyczących zachowań gospodarstw domowych w zakresie oszczędzania, naukowcy koncentrują się na typowych gospodarstwach domowych w krajach rozwiniętych, natomiast w krajach rozwijających się; większość gospodarstw domowych jest biedna. Masson *et al.* (1998) stwierdza również, że determinanty oszczędności gospodarstw domowych w krajach bogatych różnią się od tych w krajach rozwijających się.

Attanasio i Weber (1985), Deaton (1991) i Gersovitz (1998) wskazują kilka powodów, dla których zachowania oszczędnościowe gospodarstw domowych w krajach rozwijających się mogą odbiegać od podręcznikowego przypadku: (i) gospodarstwa domowe są dynastyczne, które przetrwają poza indywidualnymi członkami; (ii) gospodarstwa domowe są jednostkami nierozłącznymi, a decyzje o oszczędzaniu podejmuje się na poziomie gospodarstwa domowego, a nie indywidualnym; (iii) gospodarstwa domowe mają niższy i bardziej niepewny dochód; (iv) ograniczenia w zaciąganiu pożyczek mogą być znacznie bardziej rozpowszechnione; oraz (v) oszczędzanie stanowi bufor dla niepewnego i nieprzewidywalnego dochodu, a nie łagodzenie konsumpcji w czasie".

Badanie przeprowadzone przez Browninga i Lusardiego w 1996 r. podkreśliło, że nie jest łatwo ustalić motywy oszczędzania dla każdego społeczeństwa. W tej sekcji dokonano przeglądu niektórych z najważniejszych dodatkowych czynników, które uznano za istotne dla zrozumienia oszczędności gospodarstw domowych w krajach rozwijających się.

2.4.2 Poziom dochodów i niepewność dochodów

Badania empiryczne podkreślają ostatnio fakt, że wskaźniki oszczędności są niskie tam, gdzie dochody są niskie lub nie pozwalają na utrzymanie się na niskim poziomie. W krajach rozwijających się wskaźniki oszczędności różnią się jednak częściowo ze względu na poziom dochodu na mieszkańca. Wielkość tego efektu będzie się prawdopodobnie zmniejszać wraz ze wzrostem dochodu na mieszkańca (Carrol i Weil, 1994). Dlatego też bardzo niskie dochody na głowę mieszkańca sprawiają, że gospodarstwa domowe w krajach rozwijających się niemalże nie mogą oszczędzać. Kraay (2000) stwierdza, że wskaźniki oszczędności i poziomy dochodów na mieszkańca wykazują niewielką dodatnią korelację. Twierdzi on, że średnie wskaźniki oszczędności rosną wraz ze wzrostem dochodów gospodarstw domowych powyżej podstawowego minimum wymaganego do przeżycia. W przypadku konsumpcji Chakravarthy i Patnaik (1970) wzory oszczędzania i inwestowania mogą odnosić się do dochodu w co najmniej dwóch fałdach; po pierwsze przez poziom dochodu, a po drugie przez trendy zmiany dochodu.

Śmierć (1989) wyjaśnia, że dochody gospodarstw domowych w krajach rozwijających się są niepewne i mają charakter cykliczny, co utrudnia oszacowanie w dłuższej perspektywie czasowej. Sugeruje on również, że zachowania oszczędnościowe jednostek mogą być kierowane przez zasady kciuka i podkreśla, że krótkotrwałe wzrosty i/lub spadki dochodów są głównymi przyczynami oszczędzania/odrzucania (Deaton, 1992). W przypadku Caballero (1990) niepewność co do oczekiwanych dochodów wzmocniłaby zapobiegawczy motyw oszczędzania w stabilnym otoczeniu makroekonomicznym. Jednak w gospodarkach rozwijających się, gdzie takie środowiska są często niestabilne, zwiększona niepewność może zmniejszyć oszczędności poprzez wpływ na zmienność stóp zwrotu.

2.4.3 Połączenia międzypokoleniowe

Stwierdzono, że powiązania międzypokoleniowe są istotnym czynnikiem warunkującym zachowania związane z oszczędzaniem w krajach rozwijających się, gdzie powiązania te są szczególnie silne ze względu na duże rozmiary rodzin. Gersovitz (1988) stwierdził, że rozszerzenie więzi rodzinnych może wydłużyć efektywny horyzont planowania, w którym gospodarstwa domowe podejmujące decyzje oszczędnościowe. Deaton (1989) zgodził się, że gospodarstwa domowe w krajach rozwijających się są większe niż w krajach uprzemysłowionych i prawdopodobnie składają się z kilku pokoleń. W rezultacie mniej jest oszczędności na przejściu na emeryturę w przypadku transferów międzypokoleniowych. Ponadto Oberta (2006), analizując rolę dzieci i wielkości rodziny w oszczędzaniu w gospodarstwie domowym, podkreśla negatywny i regresywny wpływ, jaki dodatkowe dzieci mają zarówno na wskaźniki oszczędności, jak i na poziom oszczędności gospodarstw domowych.

2.4.4 Ograniczenia w zakresie płynności

Stwierdzono, że zmierzona częstotliwość występowania ograniczeń płynności jest znacznie większa w krajach rozwijających się (Rossi, 1988). Gospodarstwa domowe w tych krajach mają często ograniczony dostęp do rynków kredytowych, a kredyt jest w większości przypadków racjonowany. Badanie panelowe przeprowadzone przez Schmidt-Hebel *i in.* (1992) wykazało, że ograniczenia płynności odgrywają ważną rolę w przypadku krajów rozwijających się. Deaton (1989) wspomniał, że szczególnie młodzi ludzie w krajach rozwijających się mogą doświadczać ograniczeń kredytowych. Takie ograniczenia powinny ułatwiać rozwój sektorów finansowych, ponieważ rozwija się pośrednictwo, które ułatwi bardziej efektywne oszczędzanie i zaciąganie pożyczek.

2.4.5 Zachowania konsumentów

Oszczędność i zużycie są lustrzanymi odbiciami, co oznacza, że wszystko, co zwiększa zużycie, zmniejsza oszczędność. Jeśli na przykład gospodarstwa domowe zwiększą swoje wydatki konsumpcyjne (kupią więcej towarów luksusowych), będzie to miało wpływ na ich zdolność do oszczędzania. Decyzja gospodarstwa domowego o tym, ile konsumować i ile oszczędzać, jest analizowana przez modele koncentrujące się na optymalizacji intertemporalnej. W przypadku braku ograniczeń dotyczących zaciągania kredytów, warunkiem pierwszego rzędu takich modeli jest: stosunek między krańcowymi zakładami użyteczności publicznej w dwóch dowolnych okresach musi być równy oczekiwanej stopie dyskontowej. Osoby indywidualne pożyczają i oszczędzają, jak przedstawiono powyżej, w celu ułatwienia konsumpcji w czasie.

Każda zmiana stopy dyskontowej zmieni koszt alternatywny bieżącej konsumpcji gospodarstw domowych. Przy braku niedoskonałości rynku poziom konsumpcji (a zatem i oszczędności) dzisiaj zmieni się w przyszłości. Jednak niedoskonałości rynku są powszechne w gospodarkach rozwijających się i w związku z tym jest mało prawdopodobne, aby elastyczność zastępowania była jednością. Biedne gospodarstwa domowe, które znajdują się bliżej granicy ubóstwa, mogą mieć mniejszą elastyczność w zastępowaniu konsumpcji pomiędzy okresami, dlatego też ich wskaźnik oszczędności będzie prawdopodobnie raczej nieelastyczny w stosunku do wskaźnika oszczędności bogatszych gospodarstw domowych (MFW, 1995).

2.4.6 Stopa procentowa i inflacja

W przypadku stóp procentowych stwierdzono na ogół, że w krajach o wysokim wskaźniku oszczędności stopy procentowe nie były jednolicie dodatnie (Bank Światowy, 1993). W niektórych krajach realne stopy procentowe są zazwyczaj bardziej stabilne, a w innych mniej ujemne. Ponadto Dornbusch i Reynoso (1989) zauważają, że "praktycznie żadne badanie nie wykazało zauważalnego wpływu netto [rzeczywistych stóp depozytowych na wskaźniki oszczędności]".

Z teoretycznego punktu widzenia wydaje się, że wpływ stopy procentowej na oszczędzanie jest niepewny. Można to wytłumaczyć efektami dochodowymi i zastępczymi, które na ogół funkcjonują w przeciwnym kierunku. Ogólnie rzecz biorąc, wydaje się, że zmiana realnych stóp procentowych ma niepewny wpływ na oszczędności, głównie ze względu na konkurencyjne dochody i efekt substytucji wynikający ze zmiany stóp procentowych. Efekt dochodowy prowadzi do wyższego zużycia prądu. Na przykład, gdy dochód wzrasta, osoby oszczędzające otrzymują wyższe odsetki i mogą sobie pozwolić na większe oszczędności (Miles i Scott, 2004). Przykładem efektu substytucji jest sytuacja, gdy wzrasta stopa procentowa (w tym przypadku jest to cena międzyokresowa), gdy konsumpcja w pierwszym okresie staje się droższa, tak że indywidualne substytuty odchodzą w kierunku konsumpcji w drugim okresie, oszczędzając więcej (Miles i Scott, 2004).

Ostateczny wpływ stóp procentowych na oszczędzanie wydaje się być niejednoznaczny. W krajach rozwijających się reakcja oszczędności na stopy procentowe wydaje się być słaba. Ogaki *et al* (1996) argumentowali, że gospodarstwa domowe oszczędzają tylko na poziomie dochodów znacznie przekraczającym poziom życia. Ogólnie rzecz biorąc, wzrost stóp procentowych zwiększa oszczędność, ale rzeczywisty efekt dochodu wynikający z wyższych stóp procentowych może mieć negatywny wpływ na oszczędność. Koskela i Viren (1982) potwierdziły ten wzrost oszczędności jako realny wzrost stóp procentowych.

Giovannini (1985) przedstawił dowody, że w większości przypadków reakcja wzrostu oszczędności na realne stopy procentowe nie różni się w przypadku krajów rozwijających się. Ponadto twierdził on, że "...w krajach rozwijających się założenia dotyczące elastyczności substytucji mogą być nierealistyczne, ponieważ znaczna część populacji może nie być w stanie zaciągnąć pożyczki, nawet na czarnym rynku".

Oszczędności gospodarstw domowych reagują również na stopę inflacji. Wyższa inflacja prowadzi zazwyczaj do wyższych nominalnych stóp procentowych, a tym samym do wyższych mierzonych dochodów gospodarstw domowych i oszczędności. Według Stiglitza (1993), zmienność inflacji wpływa na oszczędności w przeciwnych kierunkach:

- W zakresie, w jakim zwiększa to niepewność co do przyszłych dochodów, duża zmienność cen może prowadzić do wzrostu stopy oszczędności, co wynika z **ostrożnościowego motywu** oszczędzania.
- Jednak w zakresie, w jakim wysoka stopa inflacji idzie w parze z większą niepewnością co do realnej stopy procentowej (lub zwrotu z oszczędności), może ona mieć depresyjny wpływ na decyzję o oszczędzaniu.

2.4.7 Niepowodzenia rynkowe i rządowe

Istotne dla badania oszczędności jest niedoskonałość rynku w kilku przypadkach, np. brak informacji w wyniku analfabetyzmu finansowego oraz niekompletność rynku w wyniku negatywnej selekcji (Stigltz, 1993, Deaton, 1995; oraz Black *i in.* , 2005). Te przypadki zawodności rynku często zniekształcają decyzję jednostek o ratowaniu. Lavoie (1994) wyjaśnia, że w rzeczywistych gospodarstwach domowych brakuje doskonałej wiedzy i zdolności do przetwarzania dużej ilości informacji. Brakuje im również pewności co do interpretacji dostępnych informacji, które mogą zakłócić ich decyzje dotyczące konsumpcji i oszczędności. W wyniku niedoskonałości rynku rządy powinny odgrywać istotną rolę we wdrażaniu strategii mających na celu stworzenie kultury oszczędzania.

Jednak porażka rządu jest również bardzo realna w krajach rozwijających się. Rządy w tych krajach często nie wdrażają odpowiednich polityk mających na celu skorygowanie nieprawidłowości w funkcjonowaniu rynku. Są też problemy z korupcją i poszukiwaniem czynszu przez biurokratów, polityków i inne grupy interesów.

2.4.8 Zabezpieczenie społeczne, emerytalne i ubezpieczeniowe

W ostatnich latach w krajach rozwijających się znacznie wzrosła liczba systemów zabezpieczenia społecznego, funduszy emerytalnych i systemów ubezpieczeń. Uważa się, że te obowiązkowe programy oszczędnościowe przynoszą korzyści zatwierdzonym instytucjom finansowym, ale także obniżają prywatne stopy oszczędności. Jutting (1999) zidentyfikował tam kanały, w których występują te skutki:

- Poprzez redystrybucję dochodów na rzecz osób starszych;
- Zmniejszając potrzebę oszczędzania na emeryturę;
- Ograniczając potrzebę oszczędzania środków ostrożności, aby pokryć ewentualność dłuższego niż oczekiwano życia.

Przystępność cenowa różnych rodzajów ubezpieczeń, takich jak ubezpieczenie zdrowotne, ubezpieczenie od odpowiedzialności cywilnej, bezrobocia lub strat osobistych itp. może wpływać na zachowania oszczędnościowe gospodarstw domowych. Płatności z tytułu ubezpieczeń ograniczają również oczekiwane przepływy pieniężne w sytuacjach awaryjnych i nadzwyczajnych. Różne systemy ubezpieczeń zmniejszają niepewność dochodów, a co za tym idzie, potrzebę zapobiegawczych oszczędności, logicznie rzecz biorąc, w zależności od zakresu ochrony ubezpieczeniowej (Stiglitz, 1993). Jednak w niektórych gospodarkach wschodzących wpływ gospodarczy obowiązkowych programów oszczędnościowych na oszczędności gospodarstw domowych był pozytywny (Bank Światowy, 1993).

2.4.9 Czynniki kulturowe

Kwestia kultury wywołała wiele pytań i dyskusji w debacie ekonomicznej. Jednak w ubogich krajach rozwijających się (np. w Afryce Subsaharyjskiej) aspekty kulturowe są ważne przy podejmowaniu decyzji o ratowaniu. Granato *i in.* (1996) definiują kulturę jako "...system podstawowych wspólnych wartości, które pomagają kształtować zachowania ludzi w danym społeczeństwie". Autorzy ci stwierdzili ponadto, że ten system wartości często przybiera formę religii. Thompson (2001) definiuje kulturę jako "całkowity złożony wzorzec zwyczajowych ludzkich zachowań, form społecznych i cech materialnych ucieleśnionych w myśli, mowie, działaniu i artefaktach oraz zależnych od ludzkiej zdolności do uczenia się i przekazywania wiedzy i systemów myśli abstrakcyjnej. Będzie to obejmować przekonania, moralność, prawa, zwyczaje, opinie, religię, przesądy i sztukę". Dla Inghama (2000) kultura jest "...najlepiej doceniana jako wyuczone zachowanie przekazywane z pokolenia na pokolenie, a nie jako jakiś egzogenicznie uwarunkowany dar, który ułatwia lub ogranicza rozwój".

Ponadto kultura wpływa na środowisko poprzez różne kanały, z których głównym jest zaufanie (Federking, 2001)[13]. Fukuyama (2001) określa cztery sposoby, za pomocą których kultura wpływa na zachowania gospodarcze. Te są:

- Wpływ na produkcję i organizację;
- Postawy konsumentów i pracowników;
- Tworzenie instytucji;

[13] Zaufanie prowadzi do zwiększenia zdolności do współpracy między osobami i zmniejszenia kosztów transakcji oraz skłonności do poszukiwania czynszu (Frederking, 2001).

- Tworzenie sieci społecznych i kapitału społecznego

Ostatni z nich łączy kulturę i oszczędzanie w krajach rozwijających się w sektorze nieformalnym. Związek ten jest często silny ze względu na kulturowe podłoże ubogich gospodarstw domowych w Afryce. Aspekty oszczędzania i kulturowe są silnie powiązane w literaturze dotyczącej nieformalnych mechanizmów oszczędzania (zob. Robinson, 2001).

2.4.10 Oszczędzanie mobilizacji w krajach rozwijających się

Ubóstwo oznacza, że dochody zainteresowanych osób są tak niskie, że trudno jest im zaspokoić nawet najbardziej podstawowe potrzeby konsumpcyjne. Oszczędzanie w takich okolicznościach jest prawie niemożliwe. Około 90 procent ludzi w krajach rozwijających się nie ma dostępu do usług instytucji finansowych (Robinson, 2001).

Również w krajach rozwijających się (szczególnie w Afryce Subsaharyjskiej) oszczędności gospodarstw domowych mają przede wszystkim formę aktywów niefinansowych (Aryeetey i Udry, 1999). Mwega (1997) wskazała, że niski wskaźnik oszczędności w Afryce Subsaharyjskiej odzwierciedla zarówno prywatną funkcję oszczędności, jak i początkowe warunki ekonomiczne.

2.4.11 Ubogie gospodarstwa domowe oszczędzają

Jednak badania dowodzą, że "biedne gospodarstwo domowe chce oszczędzać i robi to... ale nie jest to łatwe". Oszczędzają w naturze lub w gotówce, aby zapewnić sobie trudne okresy. Badanie przeprowadzone przez Dauner (2004) wykazało, że ten segment populacji oszczędza, ponieważ ma do tego szczególne powody lub motywy. Na pytanie, dlaczego oszczędzają, ubogie gospodarstwa domowe odpowiedziały w następujący sposób:

- Zmniejszenie ich podatności na wstrząsy (dochody, zdrowie, śmierć, itp.);
- Aby gromadzić kwoty ryczałtowe
- Potrzeby życiowe (narodziny, ślub, śmierć)
- Inwestycje w kapitał ludzki, fizyczny i społeczny
- Przekazać w spadku krewnych i przyjaciół
- Aby uzyskać kredyt

2.4.12 Oszczędzanie mobilizacji ubogich gospodarstw domowych w krajach rozwijających się

W badaniach nad oszczędzaniem formalne instytucje finansowe często zadają pytanie o to, jak ubogie gospodarstwa domowe oszczędzają, ponieważ są one potencjalnymi odbiorcami depozytów (Dauner, 2004). Ubogie gospodarstwa domowe oszczędzają w różnych formach, z powodów i w celach specyficznych dla ich potrzeb i powierzają swoje oszczędności pieniężne różnym osobom lub miejscom (sąsiadom, instytucjom finansowym, pod materacem itp.). Wiele sytuacji kryzysowych lub możliwości wymaga natychmiastowego dostępu do gotówki, a to wyjaśnia, dlaczego prawie wszystkie rodziny o niskich dochodach i ubogie utrzymują w domu pewną ilość oszczędności w sytuacjach kryzysowych (Wright, 2001). Również badania empiryczne w Afryce Zachodniej w 1999 r. finansowane przez specjalną jednostkę ds. mikrofinansowania (SUM) MicroSave-

Africa pokazują, jak na przykład biedna kobieta korzysta z różnych usług oszczędnościowych do różnych celów:

- W zdecentralizowanych systemach finansowych w celu uzyskania kredytu;
- u depozytariusza w celu zarządzania płynnością jego działalności gospodarczej;
- W tontynach, do przyszłej konsumpcji, na wydatki zdrowotne, mieszkaniowe itp.

Ponadto Rutherford *i in.* (1996) zidentyfikowali kilka sytuacji (kiedy, gdzie i jak), w których oszczędzają gospodarstwa domowe o niskich dochodach. Stwierdzono, że oszczędzają kiedy:

- Czują, że ich oszczędności są bezpieczne
- Kwota ich oszczędności jest utrzymywana w tajemnicy przed innymi.
- W razie potrzeby mają dostęp do całości lub części swoich oszczędności.
- Mają możliwość częstego i łatwego oszczędzania
- Są oni uprawnieni do otrzymania kredytu (wzajemność)
- Czują się właścicielami swoich oszczędności (ich oszczędności nie należą do grupy)
- Czują, że oszczędności rosną i są chronione przed inflacją.
- Czują się pod pewną presją społeczną, by ratować
- W każdej chwili wiedzą, ile mają

Nieformalne mechanizmy oszczędzania

Sektor nieformalny jest podstawowym źródłem świadczenia usług finansowych dostępnych dla gospodarstw domowych o niskich dochodach lub ubogich w Afryce. Według ECIAfrica Consulting (2003), nieformalne stowarzyszenia finansowe (takie jak ROSCA, organizacje pozarządowe i inne instytucje niebankowe) są tymi dostawcami, którzy nie podlegają jurysdykcji prawa, podatków i innych przepisów.

Według Robinsona (2001), ubogie gospodarstwa domowe używają podobnych form nieformalnego oszczędzania w krajach rozwijających się, niezależnie od ich celów oszczędnościowych. Na przykład w wielu krajach rozwijających się w Azji, Afryce i Ameryce Łacińskiej wszystkie rodzaje oszczędności znajdują się w takiej czy innej formie we wszystkich krajach. Niemniej jednak formy, w jakich ubogie oszczędzają, to zazwyczaj: gotówka, zboża i uprawy gotówkowe, zwierzęta, złoto i srebro, biżuteria i inne kosztowności, grunty, rotacyjne kasy oszczędnościowo-kredytowe (ROSCA), znane również jako kasy oszczędnościowo-kredytowe (ASCA), surowce i wyroby gotowe, materiały budowlane, gotówka lub zboża pożyczane dla zysku, depozyty u nieformalnych kolekcjonerów oszczędności i organizacji pracowniczych (Robinson, 2001). Jednak nieformalne mechanizmy oszczędnościowe lub systemy pozabankowe, zwane ROSCA, są najczęściej stosowane w wielu gospodarkach rozwijających się.

W literaturze międzynarodowej stwierdzono, że ROSCA i ASCA są niezwykle popularne w krajach rozwijających się ze względu na korzyści społeczne wynikające z członkostwa. Besley *i in.* (1994) stwierdzili, że: ROSCA to powszechnie obserwowane instytucje pośrednictwa finansowego. Calomoris i Rajaraman (1998) uważają ROSCA za

"...instytucje finansowe szeroko znane w krajach rozwijających się". Dla Levenson and Besley (1996) "nieformalne finansowanie jest ważnym źródłem dostępu do kredytów, które na nieformalnych rynkach finansowych stanowią dużą część kredytów dla przedsiębiorstw w krajach rozwijających się. Wreszcie, Van Denbrink i Chavas (1997) rozpoczęli analizę ROSCA od następującego scenariusza: "...wyobraź sobie osobę gdzieś w Afryce stojącą przed problemem finansowania dużego zakupu".

Chodzi o nieformalne organizacje finansowe wywodzące się z krajów rozwijających się, które w miarę rozwoju rynków formalnych stają się coraz mniej ważne lub konkurencyjne. ROSCA są postrzegane jako charakterystyczne dla krajów rozwijających się i o niskich dochodach i rozwijane tam, gdzie formalne instytucje finansowe nie były dobrze rozwinięte, np. w Tajwangdzie sektor finansowy był słabo rozwinięty, ale wskaźnik oszczędności osobistych był wysoki (20 procent przez długi okres) (zob. Besley i Levenson, 1996). Ponadto, zgodnie z Jutting (199), nieformalne organizacje finansowe rozwijają się tam, gdzie rynki finansowe i ubezpieczeniowe są nadal słabo rozwinięte, np. w Afryce Subsaharyjskiej. Jutting (1999) stwierdził, że "ogólnie przyjmuje się, że ROSCA odgrywają bardzo ważną rolę dla osób w inny sposób wykluczonych z formalnych instytucji finansowych".

2.4.13 Oszczędzanie motywacji

Istnieją badania empiryczne podkreślające motywacje do oszczędzania przez gospodarstwa domowe w różnych krajach. Kraay (2000) zidentyfikował ważne motywacje do oszczędzania w Chiny aby być ostrożnym i kierować się motywami oszczędzania. Również Wei w 2009 r. wskazał na powody wysokiego poziomu oszczędności gospodarstw domowych w zakresie Chiny jako siatka bezpieczeństwa socjalnego, niski poziom rozwoju finansowego, motywy cyklu życia, kultura, nawyk, oszczędzanie przez przedsiębiorstwa i niezamierzone konsekwencje polityki społecznej. Według Abdelkhalka *i in.* (2009) w Maroku oszczędności są wykorzystywane jako zapas buforowy, aby pomóc gospodarstwom domowym w radzeniu sobie z niepewnością zarówno co do dochodów, jak i potrzeb, co oznacza, że głównym motywem oszczędzania są względy ubezpieczeniowe lub ostrożnościowe.

W Stany ZjednoczoneStilglitz (1993) twierdzi, że bogate osoby oszczędzają znaczne kwoty, często więcej niż potrzebują na własną emeryturę. Podobne wnioski odnotowali Lawrence Summers z Harvard University i Laurence Kotlikoff z Boston University, którzy twierdzą, że bogaci ludzie w Stany Zjednoczone zaoszczędzić relatywnie większą kwotę na zapisie, co oznacza, że motyw zapisu był ważniejszy, ale motyw docelowy finansowania edukacji dla studentów, którzy nie otrzymali stypendium, istnieje. Jednakże badania wykazały mniejszą potrzebę ostrożnościowego oszczędzania w zakresie Stany Zjednoczone ponieważ istnieje skuteczny system ubezpieczeniowy obejmujący szereg ryzyk, przed którymi stoi gospodarstwo domowe. Kotlikoff i Summers (1981) uzyskali zaskakujące wyniki badań, zgodnie z którymi transfery międzypokoleniowe stanowią około 80 procent całego bogactwa gospodarstw domowych w Polsce. Stany Zjednoczone. Natomiast Modigliani (1988) uzyskał diametralnie przeciwny wniosek, że transfery międzypokoleniowe stanowią jedynie około 20 procent całego bogactwa gospodarstw domowych. Stany Zjednoczone.

Kitamura *i inni* (1994) stwierdzili, że obecność ugruntowanego systemu zabezpieczenia społecznego i hojnych publicznych programów emerytalnych zwiększa wydatki konsumpcyjne gospodarstw domowych pracowników w Japonii. Akumulacja bogactwa przez japońskie gospodarstwa domowe rozpoczyna się bardzo wcześnie i trwa do bardzo późnego wieku, a nieskonsumowane bogactwo przekazywane jest następnemu pokoleniu w formie zapisu (Hayashi, 1997). Barthold i Ito (1991) stwierdzili, że około jednej trzeciej do połowy majątku gospodarstwa domowego uzyskuje się w drodze zapisu w Japonia. Takayama i Kitamura w 1994 roku również znaleźli pewne dowody na znaczne transfery międzypokoleniowe w Japonii, jednak Ohtake(1991) twierdzi, że zapisy są motywowane egoizmem, a nie altruizmem, co oznacza, że Japończycy nie byli filantropami jako takimi pozostawiają zapisy w oczekiwaniu na pomoc w podeszłym wieku. Ponadto Horioka (2009) twierdzi, że osoby fizyczne w Japonii nie pozostawiają bardzo znaczących zapisów, jak się powszechnie uważa, że rodzice często wymagają od swoich dzieci *quid pro quo,*[14] a osoby zamożniejsze pozostawiają mniej zapisów, co oznacza, że zapisy te zmniejszają nierówności w zakresie zamożności[15]. W badaniu stwierdzonym w Japonii większość planuje pozostawić więcej zapisów dziecku, które mieszka z nimi lub w ich pobliżu, które zapewnia pomoc przy pracach domowych, zapewnia opiekę pielęgniarską,

14 *Quid pro quo odnosi się* do oczekiwania czegoś w zamian lub po prostu oznacza "stosunek jakości do ceny".

15 Oznacza to, że gdyby zamożniejsze osoby otrzymywały więcej zapisów, przyczyniłoby się to do pogłębienia nierówności w zakresie zamożności, które mają być przekazywane z pokolenia na pokolenie.

pomoc finansową i/lub przejmuje nazwisko lub firmę rodzinną "*dynastii*". Motywacje związane z przejściem na emeryturę i zakwaterowaniem są również ważne w przypadku Japonia (Horioka i Watanabe, 1997).

Różne współczesne literatury badają możliwość, że jednostki czerpią użyteczność z akumulacji bogactwa i przewidywania przyszłej konsumpcji, dlatego też użyteczność z posiadania bogactwa jest od dawna uznawana, patrz np. Weber (1930), Piqou (1941) i Kaplow (2010). Korzyści mogą być wewnętrzne (spokój ducha, poczucie sukcesu) lub zewnętrzne (status, władza). Użyteczność z akumulacji pomaga również wyjaśnić istnienie skąpców, osób o wysokiej zdolności do pracy, które nadal pracują dłużej i ciężej niż wydaje się to uzasadnione potrzebami przyszłej konsumpcji lub motywami spadkowymi, a także, podniecająco, ludzi, którzy postrzegają swoje bogactwo bardziej jako miarę sukcesu (sposób na utrzymanie wyników) niż jako bardziej namacalny cel.

Doświadczanie różnych korzyści jeszcze za życia, w tym radość z obserwowania potomków lub beneficjentów organizacji charytatywnych, wykorzystuje prezenty i pochwałę lub status, który można otrzymać, a także fakt, że wcześniejsze prezenty mogą być bardziej wartościowe dla odbiorców (dzieci mogą korzystać bardziej z prezentów, które finansują zakupy w domu, przedsiębiorczość lub zwykłą konsumpcję we wczesnych latach życia, gdy są one ograniczone płynnością, niż w późniejszych latach, gdy zazwyczaj otrzymuje się zapisy) z prezentów i zapisów *inter-vivos* (zarówno dla potomków, jak i dla organizacji charytatywnych). Kiedy znaczne prezenty *inter-vivos* są często wykonywane dla potomków, często stosuje się pchnięcie. Do przekazywania filantropii służą trusty, prywatne fundacje i inne urządzenia. Chociaż istnieje wiele powodów, dla których darczyńcy mogą chcieć zachować pewną kontrolę, inną korzyścią płynącą z tych instrumentów jest to, że darczyńcy nadal czują się w pewnym stopniu odpowiedzialni za majątek, być może generując pewien stopień dalszej użyteczności z jego akumulacji. W przypadku braku takich mechanizmów, prezenty *inter-vivos* mogą być nawet niższe niż obecne, pozornie przygnębione poziomy.

Fehr i Habermann w 2008 r. stwierdzili, że zachęty podatkowe motywowały osoby fizyczne do oszczędzania w zakresie Niemcy. Wyjaśniają to, jak wiele innych krajów OECD wcześniej, Niemcy wprowadziła również w 2001 r. program wspierania rozwoju prywatnego oszczędzania. Program ten był podobny do indywidualnych kont emerytalnych (IRA) w Stanach Zjednoczonych i Wielkiej Brytanii. Ratowanie było głównie z powodów związanych z cyklem życia. Ponadto badanie przeprowadzone przez Borsch-Suppan i Essig (2003) wykazało, że ponad 40 % z nich to Niemcy gospodarstwa domowe regularnie oszczędzają stałą kwotę, a około 25 procent gospodarstw domowych planuje swoje oszczędności i ma na uwadze jasno określony cel oszczędności. Większość z nich Niemcy Oszczędzanie w gospodarstwie domowym odbywa się w formie oszczędności wynikających z umów, takich jak plany oszczędnościowe, całe ubezpieczenie na życie i umowy towarzystwa budowlanego. Sprawia to, że przepływ oszczędności raczej nie reaguje na wahania gospodarcze, takie jak szok dochodowy. Badanie wykazało również, że większość gospodarstw domowych woli ograniczyć konsumpcję, jeśli nie osiąga końca.

Banki i Tanner (1999) dokonali przeglądu ekonomiki oszczędzania gospodarstw domowych w Zjednoczonym Królestwie (UK). Najważniejsze ustalenia były następujące: całkowite bogactwo w Wielkiej Brytanii było utrzymywane w formie płynnych aktywów finansowych, mieszkań, emerytur i ubezpieczeń na życie; spodziewane są pewne nierówności w podziale bogactwa, biorąc pod uwagę teorie ekonomiczne dotyczące sposobu, w jaki gospodarstwa domowe gromadzą bogactwo w ciągu całego cyklu życia; lata 80. były okresem dramatycznej zmiany własności kluczowych aktywów, takich jak mieszkania, akcje emerytalne i akcje; pomimo rozpowszechnienia się nowych narzędzi oszczędzania, większość ludzi nadal posiada większość swojego bogactwa w konwencjonalnych formach, takich jak oprocentowane rachunki w banku lub towarzystwie budowlanym; większość osób fizycznych zazwyczaj nie posiada dużych ilości bogactwa finansowego; uprzywilejowane podatkowo narzędzia oszczędzania były wykorzystywane stosunkowo szeroko, ale znajdują się głównie w posiadaniu bogatszych gospodarstw domowych; a prawie jedna dziesiąta populacji nie posiada żadnych aktywów i odsetek ten wzrasta z czasem.

Używając estymatora systemu GMM i zrównoważonego panelu 258 norweskich gospodarstw rolnych, firma Sand w 2002 r. stwierdziła, że tradycyjnie w gospodarstwach rolnych w Norwegii gospodarstwa mają stosunkowo wysokie oszczędności i niską marginalną skłonność do konsumpcji.

Upender i Reddy w 2007 r. przeprowadzili badanie w Indiach i stwierdzili, że szacunkowa stała elastyczność dochodów gospodarstw domowych w zakresie oszczędzania jest większa niż jednostka, co oznacza, że krańcowa skłonność do oszczędzania jest wyższa niż średnia skłonność do oszczędzania, wszystko inne jest równe. Inne badanie przeprowadzone przez Unny (2001) wykazało pozytywne czynniki wpływające na oszczędzanie w Indiach, w tym poziom dochodów, nierówności w dochodach, wartość aktywów i poziom wykształcenia, jednak negatywny wpływ miał wskaźnik obciążenia demograficznego i liczba męskich dzieci. Według Salama i Kulsuma (2001) rząd indyjski prowadzi politykę promującą oszczędzanie i tworzenie kapitału jako podstawowy instrument wzrostu gospodarczego i że oszczędności są wykorzystywane do finansowania rosnących potrzeb inwestycyjnych. Na stronie IndieOszczędności w sektorze gospodarstw domowych stanowią większą część oszczędności krajowych.

Według Waweru (2011) w Kenia Firmy SACCO są postrzegane jako nośniki mobilizacji zasobów i bramy do dobrobytu gospodarczego dla rodzin, zwłaszcza tych z niższej i średniej kategorii dochodów. Kibet *i inni* w 2009 r. przedstawili uwarunkowania oszczędzania w Kenia w tym rodzaj zawodu, dochody gospodarstwa domowego, wiek i płeć osoby kierującej gospodarstwem domowym, poziom wykształcenia, wskaźnik obciążenia demograficznego, opłata za usługę, koszty transportu i dostęp do kredytów. Badanie przeprowadzone przez Ellis *et al* w 2010 r. wykazało, że w Kenii oszczędności są wykorzystywane do podejmowania inwestycji zwiększających produktywność i zapewniania edukacji. Zgodnie z oczekiwaniami, mieszkańcy wsi zaoszczędzili więcej na inwestycjach rolnych, podczas gdy mieszkańcy miast mają tendencję do oszczędzania na inne cele, takie jak rozpoczęcie działalności gospodarczej. Osoby z lepszym wykształceniem są bardziej skłonne do oszczędzania i inwestowania niż osoby z mniejszym wykształceniem. Mężczyźni i kobiety wykazują podobne wzorce zachowań, jeśli chodzi o oszczędzanie na cele inwestycyjne.

Nuda w 2010 r. znalazła kilka solidnych wyznaczników zachowań oszczędnościowych gospodarstw domowych w Uganda a mianowicie: wiek respondenta (a nie tylko wiek głowy gospodarstwa domowego), umiejętność czytania i pisania, wykształcenie wyższe, zatrudnienie w sektorze formalnym, przedsiębiorczość oraz postawy wobec obecnego stanu życia. Stan cywilny i to, czy respondent jest wyłącznym odpowiedzialnym za decyzje finansowe gospodarstwa domowego, jest statystycznie nieistotne w odniesieniu do tego, czy oszczędzać, czy nie, ale dość istotne w odniesieniu do wyboru instytucjonalnego. Również bogactwo odgrywa znaczącą rolę w podejmowaniu decyzji o zastosowaniu nieformalnych i nieoficjalnych instytucjonalnych metod oszczędzania. Ssemakula w 2007 r. przeprowadził przegląd projektu Rural Speed a USAID finansowanego w Ugandzie w zakresie promocji oszczędzania programów radiowych, stwierdził, że kampanie ratunkowe w radiu na ogół demistyfikują myślenie, że Ugandyjczycy nie mają kultury oszczędzania, z wyjątkiem ogólnego braku informacji na temat oszczędzania. Z badania wynika, że beneficjenci projektu twierdzą, że oszczędzają, aby zabezpieczyć kredyty na założenie lub rozbudowę swoich przedsiębiorstw. Projekt USAID wspierał szeroko zakrojoną kampanię społeczną mającą na celu promowanie wartości oszczędności. Programy obejmowały kluczowe tematy związane z oszczędzaniem, takie jak powody oszczędzania, potencjalny oszczędzający, gdzie może oszczędzać, dlaczego może oszczędzać, oraz ograniczenia w oszczędzaniu przez wiejskie gospodarstwa domowe.

Jak zauważyli Morrrissey i Leyaro w swoim opracowaniu dotyczącym badań kredytowych nr 10/03, odpowiednie dane nie są dostępne dla gospodarstw domowych w Tanzanii, co oznacza, że istnieją trywialne badania nad zachowaniami gospodarstw domowych w zakresie Tanzania. Podobnie, badanie to nie spotkało się z żadnym konkretnym kompleksowym badaniem empirycznym dotyczącym zachowań oszczędnościowych gospodarstw domowych na obszarach wiejskich w zakresie Tanzaniaznaleziono jednak kilka badań wskazujących na motywy oszczędzania.

Ustalenia Lwoga *i inni* (1999) na temat zachowań oszczędnościowych w Tanzania zgadzają się z innymi badaniami (Johnson i Rogaly, 1997 i Rutherford, 1999), że osoby ubogie wykorzystują swoje oszczędności z różnych powodów, które obejmują codzienne wydatki, wyrównywanie konsumpcji i akumulację w celu zaspokojenia potrzeb i wydarzeń w cyklu życia oraz finansowania sytuacji kryzysowych, jak wyjaśniono szczegółowo poniżej:

- *finansowanie sytuacji kryzysowych*: w ramach którego osoby ubogie wykorzystują swoje oszczędności, aby radzić sobie w sytuacjach kryzysowych, takich jak choroba, wypadek, śmierć, pogrzeb, żałoba, dezercja, rozwód, kradzież i pożar;
- *łagodzenie skutków konsumpcji*: ponieważ gospodarstwa domowe doświadczają sezonowych wahań w charakterystyce dochodowej obszarów wiejskich, ubogie oszczędzają pieniądze w sezonach wysokich dochodów, aby mieć co wydać w sezonach niskich dochodów;

- *akumulacja* w celu zaspokojenia potrzeb życiowych i wydarzeń, takich jak zakup działki, materiałów budowlanych, ceremonie ślubne, edukacja i zakładanie domu, wdowieństwo, starość i śmierć, a także potrzeba pozostawienia czegoś dla swoich spadkobierców;
- *możliwości finansowania*: istnieją możliwości, które wymagają dużych sum pieniędzy, takie jak rozpoczęcie lub prowadzenie działalności gospodarczej, nabycie aktywów produkcyjnych lub kupno dóbr trwałego użytku, takich jak lodówki do telewizorów;
- *Codzienne wydatki*: konieczność bezpiecznego przechowywania gotówki w celu zarządzania codziennymi wydatkami i zdarzeniami oraz radzenia sobie z nimi, w tym finansowania drobnych sytuacji kryzysowych. Są to zazwyczaj niewielkie ilości przechowywane w formie bardzo płynnej.

Ustalenia te są podobne do ustaleń Bagachwy (1995), która donosi, że "te bardziej płynne formy oszczędzania są wykorzystywane do finansowania edukacji dzieci, do zaspokajania takich regularnych potrzeb jak pogrzeby i śluby; oraz do inwestowania lub rozszerzania inwestycji (np. kupowania lub budowy domu, zakupu środków produkcji lub sprzętu oraz ulepszania lub powiększania gospodarstw rolnych".

Badania przeprowadzone przez Michaela (2008) oraz Morrrisseya i Leyaro (2003) przedstawiają również główne źródło dochodów gospodarstw domowych w Tanzanii, w tym sprzedaż produktów rolnych, dochody z działalności gospodarczej, wynagrodzenia, przekazy pieniężne i rybołówstwo. Według Mchumnvo *et al* (2002) łączenie zasobów, w tym pieniędzy, należy do tradycyjnych i nieformalnych ustaleń dotyczących zabezpieczenia społecznego w Tanzanii[16]. Aikaeli w 2010 r. znalazła ważne zmienne wpływające na dochody gospodarstw domowych na wsi, takie jak poziom wykształcenia głowy rodziny, wielkość siły roboczej w gospodarstwie domowym, powierzchnia użytków rolnych i własność nierolniczego przedsiębiorstwa wiejskiego. Według Evans i Day (2011) w TanzaniaAktywa są często sprzedawane w miarę pogarszania się sytuacji ekonomicznej gospodarstwa domowego podczas przewlekłej choroby rodziców, co oznacza, że oszczędzanie w formie aktywów jest konieczne ze względów zapobiegawczych lub ubezpieczeniowych. Podobny wynik uzyskano w badaniu Bollinger *et al* (1999), w którym badania nad ekonomicznym wpływem AIDS w Tanzania stwierdził, że gospodarstwa domowe finansują koszty związane z chorobą HIV/AIDS, wykorzystując oszczędności wynikające z ubóstwa poprzez ograniczenie inwestycji.

Lundberg *i inni* (2003) stwierdzili, że w przypadku biednych gospodarstw domowych śmierć zmniejsza prawdopodobieństwo, że gospodarstwo domowe uratuje, a zwiększa prawdopodobieństwo, że gospodarstwo to zlikwiduje. Stwierdził też, że wśród zamożnych gospodarstw domowych wpływ jest niewielki, a zamożniejsze wydają się z czasem powracać do zdrowia. Tanzania. Wyjątkiem jest to, że nawet zamożne gospodarstwa domowe pozostają mniej skłonne do gromadzenia aktywów finansowych przez wiele miesięcy po śmierci. W przypadku biednych gospodarstw domowych prawdopodobieństwo akumulacji aktywów może nigdy nie wzrosnąć do poziomu, jaki zostałby osiągnięty w przypadku braku śmierci. Lundberg i in. (2003) twierdzą, że konsekwencje dla gospodarstwa domowego wynikające z ciągłego pozbywania się oszczędności nie byłyby tak poważne, gdyby gospodarstwo domowe było w stanie zgromadzić zapasy buforowe, z których mogłoby czerpać w czasach kryzysu. Zgodnie z kowariancyjnym charakterem wstrząsów opadowych, w Tanzanii gospodarstwa domowe są bardziej skłonne do korzystania z własnych oszczędności, aby poradzić sobie z suszami, choć oszczędności są również wykorzystywane do radzenia sobie z chorobami i wstrząsami śmierci (Christiaensen *i in.*, 2006).

Badanie przeprowadzone przez Morris *et al* (2002) na temat zrozumienia strategii radzenia sobie z gospodarstwami domowymi w półpustynnej Tanzanii, którego celem było uzyskanie kompleksowego zrozumienia aktywów i strategii utrzymania dostępnych dla ubogich w półpustynnej Tanzanii i przez nich podejmowanych, wraz z czynnikami, które ukształtowały te strategie, w tym zmianami społecznymi i gospodarczymi oraz zmieniającymi się strukturami i procesami, pokazuje, że gospodarstwa domowe w środkowej półpustynnej Tanzanii są zaangażowane w różne i często wielorakie strategie utrzymania. Obejmują one intensyfikację i ekstensyfikację rolnictwa, dywersyfikację źródeł utrzymania oraz migrację; lub połączenie działań składowych. Również Morris *i inni* twierdzą, że strategie utrzymania lub ich schemat działania nie są statyczne, lecz raczej często podlegają przeglądowi, są dostosowane do wykorzystania szans lub złagodzenia ryzyka, bądź też zastępowane w celu radzenia sobie z sytuacjami awaryjnymi. Dynamika takich zachowań jest zależna nie tylko od zmian w kontekście zewnętrznym, ale także od stanu zamożności gospodarstw domowych. W badaniu stwierdzono, że akumulacja i oszczędności zapobiegawcze są strategią zarządzania ryzykiem w zakresie zmniejszania ryzyka, ograniczania ryzyka i radzenia sobie z nim przez ubogie wiejskie gospodarstwa domowe. Podobnie Kessy *i wsp.* (2011) ocenili mechanizmy radzenia sobie w regionach Singinda i Dodoma w zakresie Tanzania i stwierdził, że sprzedaż aktywów należy do strategii radzenia sobie z życiem i utrzymaniem przez gospodarstwa domowe.

Według Derconu (1996) brak rynków kredytowych i ubezpieczeniowych oznacza, że gospodarstwa domowe muszą stosować różne strategie w celu ograniczenia ryzyka dochodowego i jego skutków. W swoim badaniu na temat ryzyka, wyboru upraw i oszczędności w Tanzanii sugeruje, że względy ryzyka wpływają na wzrost obszarów wiejskich i zwiększają nierówności na tych obszarach poprzez "*pułapkę ubóstwa*". Bogatsze gospodarstwa domowe osiągają wyższe średnie zyski, co pozwala na dalszą akumulację. Niemniej jednak tworzenie i propagowanie odpowiednich aktywów płynnych dla ubogich gospodarstw domowych poprzez zachęcanie do oszczędzania w latach dobrej koniunktury pomogłoby ubogim w radzeniu sobie i ograniczeniu ryzyka.

Według FSDT (2006) sposób, w jaki wielu Tanzańczyków rozumie pojęcia oszczędności, ubezpieczenia i inwestycji, często różni się od sposobu, w jaki te same pojęcia są rozumiane we współczesnych gospodarkach. W Tanzania kontekstem towaru może być oszczędność i ubezpieczenie, co oznacza jednocześnie, że w języku kiswahili słowa oszczędność/inwestycja i ubezpieczenie są takie same, a dla wielu Tanzańczyków jest oczywiste, że pojęcia te są wymienne.

FSDT twierdzą, że Tanzańczycy oszczędzają w formalnych instytucjach finansowych i nieformalnych oszczędzaniu, dzięki czemu ludzie oszczędzają w naturze, utrzymują je w ukryciu i/lub przekazują rodzinie/przyjaciołom; zwierzęta gospodarskie są największą formą oszczędzania w naturze, co sugeruje, że Tanzańczycy są zaradni i myślą przyszłościowo. Badanie wykazało, że Tanzańczycy oszczędzają, aby ubezpieczyć się od pewnych zdarzeń. Events do Tanzanians save in order to insure themselves found to be wedding, farming inputs, education, bequests, retirement, purchase of household goods, emergency (burial and medical) and meeting household needs (smoothing consumption).

Na stronie Tanzania więcej mieszkańców wsi oszczędza na ubezpieczaniu się, niż miejskich odpowiedników, podczas gdy mężczyźni i kobiety w równym stopniu troszczą się o to, by zaoszczędzić na nieprzewidzianych zdarzeniach. Najmłodsze osoby dorosłe najrzadziej oszczędzają na przyszłość, najprawdopodobniej w wieku od 25 do 34 lat. Po tym wieku, liczby ponownie spadają, wyrównując się po 54 latach. Główną przyczyną niskich oszczędności i inwestycji okazał się brak pieniędzy (FSDT, 2006).

2.4.14 Czynniki wpływające na oszczędność

Zmiany w gustach i preferencjach: Badania empiryczne podkreślają fakt, że istotnym wyjaśnieniem dla niskich oszczędności może być również wzrost liczby osób opowiadających się za życiem teraźniejszym, pozwalających zadbać o siebie w przyszłości, nazywanych czasem pokoleniem "teraz" (Stiglitz, 1993). Twierdzi, że zmiany w gustach są jednym z czynników wpływających na oszczędność w tym zakresie. Stany Zjednoczone Ameryki Północnej w latach dziewięćdziesiątych.

Ubezpieczenie społeczne: Według Stiglitza (1993) niektórzy ekonomiści, tacy jak Martin Feldstein, twierdzą, że wzrost świadczeń socjalnych przyczynił się do zmniejszenia stopy oszczędności w krajach rozwijających się. Stany Zjednoczone Ameryki Północnej ponieważ ubezpieczenie społeczne funkcjonowało jak emerytura: ludzie płacili pieniądze na ubezpieczenie społeczne podczas pracy i otrzymywali je z powrotem, z odsetkami, po przejściu na emeryturę. Zabezpieczenie społeczne powinno funkcjonować w formie ***wynagrodzenia - w*** systemie, w którym jest wystarczająca liczba pracowników niż emerytów; relatywnie niski podatek od dzisiejszych pracowników może być przeznaczony bezpośrednio na wypłatę znaczących świadczeń dla dzisiejszych emerytów.

Rynki kapitałowe: stwierdzono, że lepsze funkcjonowanie rynków kapitałowych w gospodarce przyczynia się do niskiego poziomu oszczędności. Ponieważ pożyczanie jest po prostu negatywem oszczędności, zamiast przechowywać pieniądze z myślą o wydatkach w przyszłości, pożyczkobiorcy wydają dziś z myślą o spłacie w przyszłości. Carol i Summers (1991) stwierdzili, że zmiany, które ułatwiają ludziom pożyczanie, zawsze będą miały tendencję do zmniejszania oszczędności, ponieważ jednostki zastępują bieżącą konsumpcję konsumpcją w przyszłości, w przypadku gdy jest ona tańsza od oszczędności prowadzących do efektu substytucji.

2.4.15 Stymulowanie oszczędności

Panuje powszechna zgoda co do tego, że poprawa oszczędności w gospodarstwach domowych jest na dobre. Stilglitz (1993) zaproponował szereg programów podatkowych mających na celu stymulowanie oszczędności w Stany Zjednoczone Ameryki Północnej. Argumentował, że nawet jeśli czynniki prowadzące do niskich oszczędności są dobrze znane, to jednak rząd byłby pod silną presją, aby stymulować oszczędzanie. Proponowane programy podatkowe obejmują: (i) zachęty do stosowania stóp procentowych np. wyższych po opodatkowaniu, (ii) program oszczędnościowy dla rodzin poprzez przyznawanie ulg podatkowych oraz (iii) obniżenie podatku od zysków kapitałowych w celu zwiększenia wartości aktywów.

2.4.16 Inwestowanie w oszczędności

Według Stiglitza (1993) istnieje wiele alternatyw inwestycyjnych, z których może skorzystać oszczędzający. Jednak każdy oszczędzający stoi przed niezliczoną ilością możliwości, jeśli chodzi o inwestowanie swoich oszczędności. Wybór, którego dokonuje, zależy od ilości pieniędzy, które musi zainwestować, od tego, co początkowo motywowało ją do oszczędzania, od jej gotowości do podejmowania ryzyka i od tego, gdzie jest w życiu. Alternatywy inwestycyjne są następujące:

- Depozyty bankowe: otwarcie rachunku oszczędnościowego ma trzy zalety: (i) płaci się na nim odsetki, (ii) ma się łatwy dostęp do swoich pieniędzy; oraz (iii) oferuje bezpieczeństwo, ponieważ bank centralny ubezpiecza głównie depozyty bankowe;

- Fundusze inwestycyjne rynku pieniężnego: fundusz inwestycyjny gromadzi środki od dużej liczby inwestorów, tworząc dużą pulę funduszy. Środki te mogą być wykorzystane na zakup dużej liczby aktywów. Zaletą funduszu wspólnego inwestowania na rynku pieniężnym jest możliwość realizacji wyższego oprocentowania;
- Mieszkalnictwo: gospodarstwa domowe inwestują poprzez posiadanie własnych domów. Inwestycja ta jest jednak narażona na ryzyko wahań cen;
- Obligacje: według Stiglitza (1993) obligacje są po prostu sposobem na pożyczanie przez korporacje i rząd. Kredytobiorca, niezależnie od tego, czy jest to firma, czy też rząd, obiecuje zapłacić kredytodawcy (kupno obligacji, czy też inwestor) stałą kwotę w określonym czasie. Obligacje wydają się stosunkowo bezpieczne, ponieważ inwestor wie, jaka kwota zostanie wypłacona w terminie zapadalności;
- Udział w akcjach: gospodarstwo domowe może zdecydować się na zainwestowanie w akcje przedsiębiorstwa poprzez zakup akcji przedsiębiorstwa i otrzymanie dywidendy z zysku.

Istnieją pożądane cechy inwestycji według Hisricha i Peters'a (2002). Twierdzą oni, że ponieważ inwestorzy badają szeroki zakres dostępnych im możliwości, zachowują równowagę między potrzebami osobistymi a cechami charakterystycznymi opcji inwestycyjnych. Idealna inwestycja łączyłaby wysoką i pewną stopę zwrotu z płynnością, mniejszym ryzykiem i mniejszym podatkiem. Jednakże, główne atrybuty są trudne do uzyskania ich wszystkich razem.

2.4.17 Rola rządu

Rola rządu w budowaniu integracyjnego systemu finansowego dla wszystkich jest tematem kontrowersyjnym.

A. Reforma sektora finansowego:

Po pierwsze, sektor finansowy musi zostać zreformowany. Celem państw przystępujących do reformy finansowej jest poprawa efektywności sektora finansowego przy jednoczesnym utrzymaniu stabilności finansowej. Uważa się, że stabilny i efektywny sektor finansowy daje szansę na wdrożenie skutecznej polityki stabilizacyjnej, zwiększenie oszczędności i poprawę efektywności inwestycji (Agarwal, 2004). Według Modiglianiego i Cao (2004 r.), reformy sektora finansowego zapewniają poczucie bezpieczeństwa na obszarach wiejskich, co może przyczynić się do zwiększenia oszczędności gospodarstw domowych na obszarach wiejskich w postaci inwestycji w grunty i mieszkania.

B. Promowanie mikrofinansowania:

Rządy powinny zapewnić korzystne środowisko polityczne, w którym kwitnie mikrofinansowanie. Rosenberg (1994) i Christen *et al.* (1995) argumentowali, że "w większości krajów (z wyjątkiem Bangladeszu i Indonezja), programom mikrofinansowym nie udało się jeszcze dotrzeć do większości ubogich gospodarstw domowych. Kwestia ta stała się bardziej interesująca, gdy w 2004 r. została włączona do dyskusji na temat krajów przemysłowych G8[17]. Według Helmsa (2000) rosnące zainteresowanie mikrofinansowaniem wynika ze wzrostu popytu ze strony osób ubogich oraz z braku podaży w celu zaspokojenia ich potrzeb. Mikrofinansowanie dla ubogich zostało zasugerowane jako strategia zmniejszania ubóstwa, a zestaw zasad sformułowanych przez CGAP[18] został przyjęty (Helms, 2006). Niektóre rządy, takie jak Tanzania i Filipiny wprowadziły już strategie mikrofinansowania.

Helms (2006) twierdzi, że rola rządu w tej sprawie powinna być:

- Świadczenie usług finansowych bezpośrednio i pośrednio;
- Wprowadzenie polityki, która będzie miała wpływ na system finansowy;
- Proaktywne promowanie włączenia społecznego poprzez oferowanie zachęt podatkowych lub wymaganie od instytucji finansowych, by służyły ubogim.

Ostatnia opcja wydaje się być bardziej odpowiednia dla rządów w krajach rozwijających się. Yaron (1992) twierdzi, że rewolucja mikrofinansowa zależy od stabilności instytucjonalnej. Bank Światowy opracował szereg wskaźników, które mierzą jakość, znaczenie i zarządzanie instytucjami w poszczególnych krajach. Środki te odzwierciedlają sześć tematów, które obejmują głos i odpowiedzialność, stabilność polityczną i brak przemocy, skuteczność rządu, jakość regulacji i praworządność, a wreszcie brak korupcji (Miles i Scott, 2004).

17 Spotkanie krajów przemysłowych G8 w Gruzji, USA (2004)
18 Skrót CGAP oznacza Consultative Group to Assist the Poor's.

2.4.18 Rola sektora prywatnego (mikrofinansowanie)

Większość gospodarstw domowych o niskich dochodach lub ubogich jest zmarginalizowana i uznawana za niebankową. Nie są one zazwyczaj obsługiwane przez komercyjny sektor bankowości detalicznej. Zaangażowanie zubożałych społeczności w ich gospodarcze upodmiotowienie pozwoliło na stworzenie koncepcji mikrofinansowania. Ogólnie rzecz biorąc, mikrofinansowanie odnosi się do programów, które zapewniają instrumenty finansowania na małą skalę, takie jak oszczędności i kredyty dla osób fizycznych, które najprawdopodobniej nie miałyby dostępu do alternatywnych form form formalnych usług[19]finansowych. Usługi oszczędnościowe (zwane również mikrooszczędnością) dają gospodarstwom domowym pewność, że będą mogły oszczędzać nadwyżkę gotówki na potrzeby przyszłej konsumpcji. Natomiast usługi kredytowe ułatwiają wydatkowanie oczekiwanych dochodów na bieżącą konsumpcję lub inwestycje (Robinson, 2001).

Usługi mikrofinansowe oferują trzy główne zalety.

(i) jest to inicjatywa, w ramach której promuje się podnoszenie osobiste

(ii) pomaga ubogim gospodarstwom domowym zmniejszyć ryzyko, poprawić ich umiejętności finansowe, zwiększyć produktywność, uzyskać wyższy zwrot z inwestycji

[19] W przypadku Robinsona (2001) "mikrofinansowanie odnosi się do usług finansowych na małą skalę (pierwotne kredyty i oszczędności) świadczonych osobom zajmującym się hodowlą, rybołówstwem lub stadem; prowadzącym małe przedsiębiorstwa lub mikroprzedsiębiorstwa, w których towary są produkowane, poddawane recyklingowi, naprawiane lub sprzedawane; świadczącym usługi; pracującym za wynagrodzeniem lub prowizją; uzyskującym dochody z wynajmu wszystkich ilości soczewek, pojazdów, zwierząt pociągowych, maszyn i narzędzi; oraz na rzecz innych osób i grup na poziomie lokalnym w krajach rozwijających się, zarówno wiejskich, jak i miejskich.

(iii) zwiększyć swoje dochody i poprawić standard życia gospodarstwa domowego

Mobilizowanie oszczędności nigdy nie jest łatwe dla biednych. Problem pogłębia się, ponieważ nie mają one żadnej siły przetargowej, aby uzyskać mikrofinansowanie. Zazwyczaj nie mogą oni omawiać swoich kwestii dotyczących zdolności kredytowej i oszczędności z formalnymi instytucjami finansowymi. Robison (2001) sformułował to w jednym zdaniu: "*ci, którzy mają władzę, nie rozumieją żądania, a ci, którzy je rozumieją, nie mają władzy*".

2.5 Luka badawcza

W niniejszym rozdziale przedstawiono zróżnicowaną literaturę teoretyczną i empiryczną, jednak istnieje luka badawcza zauważona przez badacza, do której wypełnienia przyczynia się niniejsze opracowanie. Do niektórych braków stwierdzonych w analizach empirycznych należy zaliczyć: (i) istnieje luka metodologiczna polegająca na tym, że w niektórych badaniach empirycznych wykorzystano dane wtórne z rachunków narodowych zgromadzone w innym celu; w badaniu tym wykorzystuje się dane pierwotne (świeże) specyficzne dla analizy czynników warunkujących oszczędności w wiejskich gospodarstwach domowych; (ii) istnieje problem operatu losowania, w którym większość wykorzystywanych prób to gospodarstwa miejskie, co oznacza, że większość badań została przeprowadzona w ośrodkach miejskich, a nie na obszarach wiejskich. W badaniu tym wykorzystuje się dane pierwotne zebrane na obszarach wiejskich; (iii) większość badań empirycznych posiada oszacowane modele ekonometryczne wykorzystujące regresję liniową OLS, zakładając liniową zależność między zmiennymi, co może nie mieć miejsca szczególnie w przypadku danych kategorycznych. W badaniu tym pozwana jest regresja logistyczna, która umożliwia wykorzystanie zarówno danych kategorycznych, jak i ciągłych; (iv) w większości badań empirycznych nie stosowano mieszanych metod jakościowych i ilościowych preferowanych przez badaczy ze względu na cechę komplementarności. W badaniu tym stosuje się jednak mieszane metody gromadzenia danych jakościowych i ilościowych; (v) w większości badań empirycznych dominują czynniki warunkujące oszczędność po stronie podaży, co oznacza, że badania te wyjaśniają wiele na temat poziomu lub tempa oszczędzania niż powody lub motywy, dla których gospodarstwo domowe oszczędza; (vi) szczegółowe badanie empiryczne dotyczące czynników warunkujących oszczędności w wiejskich gospodarstwach domowych w Tanzanii jest mało kompleksowe, dlatego też będzie to pierwsze badanie dostarczające istotnych informacji na temat czynników warunkujących oszczędności w wiejskich gospodarstwach domowych w Tanzanii; (vii) wreszcie, większość badań empirycznych e.g. Chowa *i in.* (2012); Mirach i Hailu (2014); Precious i Asrat (2014); Teshome *i in.* (2013); oraz Nigus (2015) to studia przypadków obejmujące niewielki obszar geograficzny i ludność, podczas gdy obecne badanie obejmuje cały kraj.

2.6 Ramy koncepcyjne

Z dyskusji na temat przeglądu literatury wynika, że oszczędzanie jest zjawiskiem wieloaspektowym. Można ją badać z wielu perspektyw, a mianowicie z (i) perspektywy makro i mikro w odniesieniu do oszczędności krajowych i rządowych (poziom makro) oraz oszczędności prywatnych (poziom mikro), które wiążą się z oszczędzaniem w przedsiębiorstwach i gospodarstwach domowych; (ii) perspektywy marginalizacji w odniesieniu do marginalnej skłonności do oszczędzania (oszczędności w stosunku do dochodów); (iii) perspektywa celowości w kategoriach rozumu oszczędzania (istnieje wiele literatury na temat wykorzystania oszczędności korporacyjnych, znanych również jako zyski zatrzymane); (iv) perspektywa teoretyczna w kategoriach neoklasycznych teorii ekonomicznych, psychologicznych, behawioralnych i socjologicznych; oraz (v) perspektywa porównawcza w kategoriach oszczędzania badana według sektorów lub geopolityki.

Dlatego też, w oparciu o recenzowaną literaturę teoretyczną i empiryczną, koncepcyjnie dominują dwie teorie, którymi są Hipoteza Cyklu Życia i Hipoteza Stałego Dochodu przedstawiona w literaturze przedmiotu. Dlatego też motywy oszczędzania w wiejskich gospodarstwach domowych są badane w świetle następujących myśli:

(i) *Czynniki wpływające na motywy oszczędzania*: są to cechy indywidualne, które mają wpływ na motywy oszczędzania, takie jak wiek, płeć, wykształcenie, dochody, stan cywilny, wielkość rodziny i zawód. Czynniki te są uważane za wewnętrzne, w pewnym stopniu kontrolowane przez gospodarstwo domowe lub osobę fizyczną; są to cechy społeczno-ekonomiczne i demograficzne gospodarstwa domowego. Istnieją jednak czynniki zewnętrzne, takie jak czynniki ekonomiczne, kulturowe i polityczne w zakresie polityki, instytucji, ram prawnych i regulacyjnych, które mają wpływ na motywy oszczędnościowe, ale czynniki te są poza kontrolą gospodarstw domowych lub osób prywatnych. Czynniki wpływające na motywy oszczędzania stanowią niezależne zmienne ram koncepcyjnych.

(ii) *Cel oszczędzania:* cel oszczędzania podzielony jest na dwie kategorie motywów oszczędzania, a mianowicie utrzymanie i nie utrzymanie. Kategorie te opierają się na koncepcji, że motywy oszczędnościowe są zorganizowane w hierarchii zaproponowanej przez Boeree'a (1998, 2006) z wykorzystaniem koncepcji hierarchii potrzeb Abrahama Maslowa. Boeree pogrupował motywy oszczędzania w hierarchii w następujący sposób (od niskich do wysokich) fizjologiczne (podstawowe), bezpieczeństwo, ochrona, miłość/społeczeństwo, szacunek/luksusowość i samorealizacja. Motywy oszczędzania zorganizowane w koncepcji hierarchii zakładają, że jednostki przesuwają się w górę hierarchii w miarę zaspokajania motywów niższego rzędu; Bryant (1990) i Beverly *et al.* (2003) wskazali jednak, że jednostki podejmują decyzje dotyczące oszczędzania pod wpływem takich zmiennych, jak cechy demograficzne, kapitał ludzki, ekonomiczne i nastawienie. Badanie to zakłada swobodę jednostek w wyborze motywów oszczędzania w obu kategoriach (wybór w sposób losowy) oraz to, że kategorie te nie znajdują się w hierarchii. Na kategorię środków utrzymania składają się motywy oszczędzania, które prawdopodobnie przyczynią się do dobrobytu ekonomicznego i ograniczenia ubóstwa, w tym motyw biznesowy, motyw emerytalny, motyw zapobiegawczy, motyw edukacyjny, motyw domu, motyw gruntów, motyw majątkowy, motyw dodatkowych kosztów utrzymania, motyw podatków i spłaty pożyczek; z drugiej strony kategoria środków utrzymania nie składa się z motywów, które prawdopodobnie nie przyczynią się do dobrobytu ekonomicznego gospodarstwa domowego i ograniczenia ubóstwa, takich jak motyw wypoczynku i podróży, motyw luksusowy, motyw rozrywkowy, motyw ślubny i motyw pogrzebowy. W przeciwieństwie do firm, gospodarstwa domowe stoją przed wieloma wyborami motywów oszczędzania. Te motywy oszczędnościowe zostały przejęte z motywów oszczędnościowych przez Keynesa, o którym wspomniał również Modigliani (1986). Dlatego też dwie koncepcyjne kategorie motywów oszczędzania, a mianowicie: utrzymanie i nie utrzymanie, stanowią zmienną zależną, którą jest forma dychotomii.

a. Pobudki bytowe

Kategoria *motywów życiowych* obejmuje motywy oszczędnościowe, które potencjalnie przyczyniają się do łagodzenia ubóstwa materialnego i niematerialnego. Motywy oszczędnościowe w tej kategorii wynikałyby zasadniczo z potrzeb fizjologicznych lub podstawowych, potrzeb w zakresie bezpieczeństwa oraz potrzeby bezpieczeństwa w przyszłości, jak zaproponował Boeree (1998, 2006), motywy te obejmują działalność gospodarczą, majątek, dom, ziemię, edukację, środki ostrożności, dodatkowe koszty utrzymania, zapisy i emeryturę. W oparciu o teorię dochodów bezwzględnych zakłada się tutaj, że gospodarstwa domowe podejmują racjonalne decyzje, dając pierwszeństwo motywom oszczędzania w tej kategorii w celu złagodzenia ubóstwa. Zakłada się, że ubóstwo zostanie złagodzone poprzez wykorzystanie oszczędności gospodarstw domowych w inwestycjach w celu generowania dochodów, kupowania aktywów, budowania domów, nabywania ziemi pod uprawę, finansowania edukacji, amortyzowania sytuacji kryzysowych i gromadzenia materiałów do zapisu. Zakłada się, że gospodarstwa domowe troszczą się o swoje bezpieczeństwo w przyszłości, a więc oszczędzają na emeryturę.

b. Pobudki inne niż bytowe

Kategoria *motywów niezwiązanych z życiem obejmuje* motywy oszczędnościowe, które potencjalnie nie przyczyniają się do łagodzenia ubóstwa materialnego i niematerialnego. Motywy oszczędzania w tej kategorii zasadniczo wynikają z miłości i potrzeb społecznych, szacunku i potrzeb luksusowych oraz samorealizacji, jak postulował w hierarchii oszczędzania Boeree (1998, 2006), motywy te obejmują ślub, luksus, wypoczynek / wycieczkę, podróżowanie, pogrzeb i rozrywkę. Gdy oszczędności są wykorzystywane z tych powodów, jest mało prawdopodobne, by oszczędności gospodarstw domowych przyczyniły się do zmniejszenia ubóstwa *jako takiego*. Ponadto zakłada się, że gospodarstwa domowe nie traktują priorytetowo motywów oszczędzania w tej kategorii, ponieważ nie są one związane z ograniczaniem ubóstwa.

(iii) Sugerowane wyniki motywów oszczędzania: w badaniu podkreślono sugerowane wyniki motywów oszczędzania w odniesieniu do łagodzenia ubóstwa. Pobudki w kategorii środków do życia uznaje się za pro-środowiskowe, co oznacza, że gospodarstwo domowe kierujące się pobudkami w kategorii środków do życia prawdopodobnie złagodzi ubóstwo, a nie priorytetowo potraktuje pobudki nie-środowiskowe. Na przykład osoby, które oszczędzają na utrzymanie się z pobudek, takich jak działalność gospodarcza i cele przedsiębiorstwa, lub oszczędzają na utrzymanie standardu życia podczas emerytury, lub oszczędzają na zabezpieczenie przed nieprzewidzianymi zdarzeniami, lub oszczędzają na

edukację swojej rodziny, lub oszczędzają na zakup domu, lub oszczędzają na zakup ziemi, lub oszczędzają na zakup aktywów, lub oszczędzają na ubezpieczenie przyszłych dodatkowych kosztów utrzymania, lub oszczędzają na opłacenie należnych podatków i spłatę pożyczki, prawdopodobnie będą miały lepszy dobrobyt i złagodzenie ubóstwa. Osoby, dla których priorytetem nie jest oszczędzanie środków do życia, np. oszczędzanie na czas wolny i podróże lub oszczędzanie na luksus, lub oszczędzanie na rozrywkę, lub oszczędzanie na wesele, lub oszczędzanie na pogrzeb, prawdopodobnie nie przyczynią się do zmniejszenia ubóstwa w celu poprawy dobrobytu gospodarczego.

Należy zauważyć, że badanie nie ma na celu poparcia ani odrzucenia teorii rządzących tym badaniem, tj. hipotezy cyklu życia i hipotezy stałego dochodu. W badaniu wykorzystuje się raczej teorie do podkreślenia ważnych czynników wpływających na motywy oszczędzania i ich wpływ na łagodzenie ubóstwa. Ponadto badanie nie miało na celu zmierzenia stopnia, w jakim motywy oszczędnościowe zmniejszają lub nie zmniejszają ubóstwa wśród wiejskich gospodarstw domowych w Tanzanii.

Koncepcyjnie, na niezależne zmienne w pewien sposób wpływają zmienne pośrednie, które przekształcają się w zmienne zależne o charakterze dychotomii w postaci motywów pozytywnych, czyli takich, które mogą przyczynić się do zmniejszenia ubóstwa, lub motywów negatywnych, czyli takich, które nie mogą przyczynić się do zmniejszenia ubóstwa. Na przykład wola polityczna wobec przedsiębiorczości jako sposobu na rozwiązanie problemu bezrobocia wśród młodzieży może mieć wpływ na osoby w młodym wieku, aby oszczędzać na motywach biznesowych. Dlatego też zmienne pośrednie dla tego badania obejmują gospodarkę, politykę, socjokulturowość i środowisko. Uproszczone ramy schematyczne ram koncepcyjnych opracowania przedstawiono na rys. 2.4.

Rysunek 2.4 Ramy koncepcyjne motywów oszczędnościowych

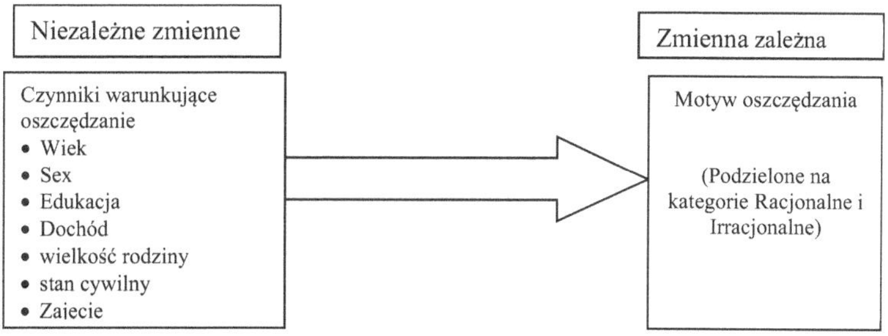

Źródło: Badacz 2015

2.7 Podsumowanie rozdziału

W tym rozdziale omówiono teorie dotyczące zachowań gospodarstw domowych w zakresie oszczędzania. Poruszono również inne niedawne poglądy, które pojawiły się w badaniu dotyczącym oszczędzania w gospodarstwach domowych. Główne wnioski wszystkich tych teorii są takie, że oszczędności to ta część dochodu, która nie jest wydawana lub konsumowana. Uznano, że dochód jest głównym wyznacznikiem oszczędności w różnych celach, takich jak zapobieganie, łagodzenie skutków konsumpcji (cykl życia) i motywy zapisu.

Podkreślono podstawowe przyczyny, znaczenie lub rolę gospodarstw domowych w oszczędzaniu. Dotychczasowe badania empiryczne również wydają się potwierdzać te ogólne propozycje przyjęte dla krajów rozwijających się. Dowody pochodzące z krajów rozwijających się, w tym Tanzania dowodzi, że postulowane przez tradycyjną teorię zachowania oszczędnościowe gospodarstw domowych są niepożądane dla ubogich gospodarstw domowych żyjących w tych krajach. W związku z tym w niniejszym dochodzeniu można będzie bezpiecznie wyjść z założenia, że niskie wskaźniki oszczędności gospodarstw domowych w krajach rozwijających się mają negatywny wpływ na potencjał inwestycyjny, a tym samym na gospodarkę jako całość. Również dowody empiryczne pokazujące, jak gospodarstwa domowe oszczędzają poprzez nieformalne mechanizmy oszczędzania, umożliwiły uwzględnienie dodatkowych czynników, które mogą wyjaśnić rzeczywistość oszczędzania przez gospodarstwa domowe w krajach rozwijających się. Chociaż w tych gospodarstwach domowych brakuje "kultury oszczędzania", ważne będzie dokonanie przeglądu, w jaki sposób kraje o wysokim poziomie oszczędności wdrożyły taką kulturę.

Spośród wszystkich teorii omawianych w literaturze przedmiotu, hipoteza cyklu życia i hipoteza stałego dochodu są teoriami budującymi niniejsze opracowanie na temat uwarunkowań oszczędności w wiejskich gospodarstwach domowych w Tanzanii. Te dwie teorie dobrze pasują do motywów oszczędzania przez gospodarstwo domowe. Zgodnie z wynikami badania stwierdzono, że motywy oszczędzania przez wiejskie gospodarstwa domowe bardziej mieszczą się w ramach cyklu życia i perspektyw stałego dochodu niż inne teorie leżące u podstaw domowych lub indywidualnych zachowań oszczędnościowych.

Ostatecznie, na podstawie przeglądu literatury teoretycznej i empirycznej nakreślono ramy koncepcyjne badań, które stanowią niezależne zmienne, zmienne pośrednie i niezależne o charakterze dychotomii. Ramy konceptualizują powiązania i wzajemne powiązania podstawowych badanych zmiennych.

ROZDZIAŁ TRZY

METODYKA BADAWCZA

3.1 Wprowadzenie

W niniejszym rozdziale przedstawiono metody badawcze, techniki, materiały i narzędzia wykorzystywane w tym opracowaniu. Wyjaśnia on projekt badania, procedury pobierania próbek, gromadzenie i ramy analizy danych z badania.

3.2 Projekt studium

Jest to badanie przekrojowe wykorzystujące zarówno techniki ilościowe, jak i jakościowe (metody mieszane)[20]. W badaniu zastosowano *quasi-randomizowane* podejście projektowe z danymi zebranymi w sześciu różnych strefach obejmujących cały kraj. Ponadto, w podejściu badawczym stosuje się badanie reprezentacyjne z wykorzystaniem kwestionariusza strukturalnego wraz z dyskusją w grupach fokusowych w celu zebrania danych pierwotnych ze wszystkimi danymi zebranymi raz. Jest to analiza mikroekonometryczna, ponieważ w badaniu wykorzystuje się analizę regresji do oszacowania modelu ekonometrycznego badania. Wielu badaczy wykorzystało ostatnio

[20] Według Brannena (2010) podejście ilościowe oferuje reprezentatywność, kwantyfikację i przypisywanie, natomiast podejście jakościowe daje czytelnikowi możliwość odkrycia procesów i uchwycenia różnorodności postrzegania, poglądów mniejszości itp. Połączenie technik jakościowych i ilościowych jest czasami określane jako metody mieszane lub *metody Qual-Quan* lub *Q-Squared.*

Siła metod mieszanych została również podkreślona w notatkach na temat metodologii badań przygotowanych w 2010 r. dla studentów podyplomowych Otwartego Uniwersytetu Tanzanii, którego współautorem jest profesor Deus Ngaruko Associate Professor in Development Economics and Mixed Methods Research, Open University of Tanzania.

przekrojowe podejście badawcze do badania determinant oszczędności w wiejskich gospodarstwach domowych, takich jak prace Miracha i Hailu (2014); Teshome *i in.*, (2013); Nigus (2015); oraz Chowa *i in.*, (2012). Uzasadnienie, dlaczego Badacz wybrał takie podejście: Po pierwsze, jak to często ma miejsce w krajach rozwijających się, w Tanzanii brakuje wtórnych danych dotyczących gospodarstw domowych na obszarach wiejskich. Nawet jeśli naukowiec wolałby wykorzystać informacje wtórne, trudno byłoby uzyskać te dane. Po drugie, biorąc pod uwagę, że jest to badanie opisowe opisujące cechy oszczędnościowe gospodarstw domowych na obszarach wiejskich, dane pierwotne prezentują więc stan aktualniejszy niż dane wtórne, które mogą być zbyt stare. Po trzecie, połączenie metody kwestionariusza i dyskusji w grupach fokusowych ma tę zaletę, że pozwala zweryfikować poprawność zebranych danych poprzez porównanie wyników. Po czwarte, w badaniu nie analizuje się tendencji ani śledzenia zmiennych w czasie, dlatego też szeregi czasowe, dane panelowe i podejścia trajektoryczne nie mają tu znaczenia.

3.3 Strategia pobierania próbek

Badanie łączy w sobie zarówno probabilistyczne, jak i nieprawdopodobne metody pobierania próbek, a mianowicie (i) proste pobieranie próbek losowych, (ii) pobieranie próbek do celów praktycznych (lub przypadkowych) oraz (iii) celowe (lub oparte na ocenie). W Tanzanii największą część, zarówno geograficznie, jak i pod względem liczby ludności, stanowią tereny wiejskie, które według NBS (2012 r.) stanowiły 70,4% z 44 928 923 osób w 2012 roku. Jednak obszary wiejskie charakteryzują się złą infrastrukturą transportową, co utrudnia dostęp do nich na niektórych obszarach; istnieje wiele grup etnicznych (ponad 120) o zróżnicowanej kulturze, normach, tradycjach, tabu, zwyczajach i zachowaniach; istnieją różne systemy utrzymania, w tym uprawa roślin, pasterstwo, rolnictwo mieszane i działalność pozarolnicza (wiejskie mikroprzedsiębiorstwa); wieś jest ludna, stosunkowo uboga i niepiśmienna niż miejska Tanzania. Ponadto, istnieją ograniczenia finansowe i czasowe ze strony badacza. Dlatego też strategia pobierania próbek została opracowana w taki sposób, aby kompleksowo uwzględniała powyższe istotne czynniki.

W ramach strategii pobierania próbek mającej na celu zapewnienie reprezentatywności próby krajowej, naukowiec podzielił ludność wiejską Tanzanii na sześć stref geograficznych, którymi są: i) strefa północna, ii) strefa centralna, iii) strefa południowa, iv) strefa zachodnia, v) strefa wschodnia oraz vi) strefa Zanzibaru. Reprezentatywne regiony administracyjne w każdej strefie są następujące: regiony Kusini Pemba i Mjini Magharibi dla strefy Zanzibar; regiony Kilimandżaro i Manyara dla strefy północnej; regiony Iringa i Lindi dla strefy południowej; region Dodoma dla strefy centralnej; region Mwanza dla strefy zachodniej; Tanga, Morogoro i Pwani dla strefy wschodniej. W związku z tym badanie zostało przeprowadzone w trzynastu okręgach wiejskich w dziewięciu regionach Tanzanii i Zanzibaru, podczas gdy każda ze stref była reprezentowana przynajmniej przez jeden okręg wiejski. W tabeli 3.1. przedstawiono informacje na temat powiatów, w których zebrano dane oraz dominującą aktywność życiową na wsi.

Strategia doboru próby obejmuje również wykorzystanie różnych osób do gromadzenia danych badawczych, tak aby zminimalizować ich bezbłędność. Kwestionariusz strukturalny został wykorzystany do zebrania podstawowych danych potrzebnych do oszacowania modelu badania i statystyki opisowej, natomiast dyskusja w grupach fokusowych służy weryfikacji i walidacji danych zebranych za pomocą kwestionariusza. Asystent terenowy (licznik) pomagał w administrowaniu kwestionariuszem strukturalnym w dwóch okręgach Kilwa i Mufindi spośród trzynastu okręgów, w których zbierano dane. Badacz, znający przedmiot badania, administrował kwestionariuszem strukturalnym, ułatwiał i prowadził dyskusje w grupach fokusowych w jedenastu dystryktach: West District, Mkoani District, Kondoa, Sengerema, Katesh, Mheza, Iringa Rural, Moshi Rural, Rufiji, Ulanga i Kilombero.

Dyskusje grupy fokusowej zostały przeprowadzone wśród beneficjentów jednego projektu finansowanego w ramach belgijskiej współpracy technicznej, znanego jako Kilombero i Lower Rufiji Wetlands Ecosystem Management Project (KILORWEMP) oraz czterech projektów finansowanych przez IFAD: Rural Micro Small and Medium Enterprise Support Programme *alias* MUVI, Marketing Infrastructure Value Addition and Rural Finance Programme (MIVARF), Agricultural Services Support Programme/ Agricultural Sector Development Programme-Livestock Zanzibar (ASSP/ASDPL-Zanzibar) oraz Belgian Funds for Food Security (BFFS).

Uzasadnienie wykorzystania projektów finansowanych przez IFAD i BTC w dyskusjach grupowych jest następujące: (i) naukowcy są związani z IFAD i BTC, co daje im możliwość swobodnej interakcji z beneficjentami projektu; (ii) beneficjenci projektu zazwyczaj należeli do takich grup jak Towarzystwa Oszczędnościowe i Spółdzielcze

Towarzystwa Kredytowe (RUSACCO), Rotacyjne Korporacje Oszczędnościowe i Kredytowe (ROSCAS); Agricultural Marketing Cooperative Societies (AMCOS), Farmer Field Schools (FFS), Farmer Groups (FGs) oraz Community Based Organisations (CBOs), grupy te miały doświadczenie w dyskusjach w grupach fokusowych ze względu na charakter interwencji IFAD i BTC, dzięki czemu badaczowi łatwiej było wchodzić w interakcje i prowadzić dyskusje z grupami fokusowymi; (iii) jednym z kluczowych celów tych projektów było zapewnienie środków utrzymania i poprawa standardu życia, dlatego też uważano, że beneficjenci zwiększą w przyszłości dochody wystarczające do konsumpcji i oszczędzania, potwierdzając tym samym swoje znaczenie w dyskusjach na temat czynników warunkujących oszczędności w gospodarstwach domowych na obszarach wiejskich; (iv) naukowiec był główną osobą uczestniczącą w misjach terenowych IFAD i podstawowych technologii technicznych, w związku z czym prowadzenie dyskusji w grupach fokusowych było uzasadnione ekonomicznie i wygodne, podczas gdy naukowiec przebywał na misji dyżurnej; (v) naukowiec był osobą odpowiedzialną za monitorowanie i ocenę w ramach IFAD i podstawowych technologii technicznych, upoważnioną do gromadzenia i analizowania informacji z projektów, w związku z czym zdobył znaczne doświadczenie i umiejętności w zakresie interakcji z zainteresowanymi społecznościami wiejskimi; vi) projekty były rozproszone geograficznie na terenie całego kraju, co dowodzi, że badacz miał możliwość wyboru prób odzwierciedlających reprezentację krajową; oraz vii) projekty IFAD i BTC były realizowane na obszarach wiejskich zgodnie z celem badań obszarów wiejskich.

W badaniu wykorzystano zarówno probabilistyczne, jak i nieprobabilistyczne metody pobierania próbek. Respondenci ankiety zostali wybrani losowo na targowisku wiejskim dla dwóch powiatów Kilwa i Mufindi oraz spośród członków grup rolników dla pozostałych jedenastu powiatów. W celu zapewnienia równowagi między płciami i grupami wiekowymi respondentów wykorzystano techniki nieprawdopodobieństwa, polegające na osądzie i wygodzie. Do określenia dzielnic w sześciu strefach wykorzystano technikę "Convenience". Wybrane zostały przykładowe okręgi spośród okręgów realizujących projekty i programy IFAD i BTC, z którymi badacz był związany. Niemniej jednak istniały pytania wstępne do badań przesiewowych: (i) czy respondent był docelowym źródłem danych, tj. głową gospodarstwa domowego czy przedstawicielem głowy gospodarstwa domowego; (ii) czas trwania pobytu, aby upewnić się, że respondenci rzeczywiście przebywają i mieszkają na wsi, badano tylko tych, którzy przebywali przez rok i dłużej.

Jeśli chodzi o dyskusje w grupach fokusowych, istniały już utworzone grupy beneficjentów z doświadczeniem w dyskusjach w grupach fokusowych, które są zwykle prowadzone w trakcie realizacji interwencji IFAD i BTC. Ponieważ jednak grupy te składały się ze zbyt wielu członków, niektóre z nich liczyły ponad 200 osób, badacz zdecydował się na małą, dziesięcioosobową grupę, prosząc o zgłoszenie się na ochotnika w dyskusji, ale z uwzględnieniem płci i wieku. Pomogło to w uzyskaniu dobrej reprezentacji, w której uczestniczyli zarówno mężczyźni i kobiety, jak i kohorty wiekowe osób młodych (poniżej 30 lat, w średnim wieku (między 30 a 50 rokiem życia) i starszych (powyżej 50 lat).

Wielkość próby badawczej wynosiła 810 gospodarstw domowych, z którymi przeprowadzono wywiady za pomocą kwestionariusza w trzynastu okręgach, jak wynika z tabeli 3.1. Wielkość ta jest zgodna z wielkościami próbek przyjętymi przez innych badaczy wyznaczników oszczędności gospodarstw domowych, na przykład Chowa *i in.* (2012) użyli 400 próbek; Nigus (2015) użył 250 próbek; Teshome *i in.* (2013) użył 700 próbek; a Mirach i Hailu (2014) użyli 604 próbek. Przy ustalaniu liczebności próby dla każdej z uczestniczących w badaniu grup rolników wykorzystano współczynnik próby (0,759259) do celów proporcjonalnych, przy czym liczebność próby była proporcjonalna do członków grupy kwalifikujących się do badania. Współczynnik doboru próby oznacza, że w każdej grupie rolników wybrano 76 procent członków grupy. Łączna liczba respondentów wyselekcjonowanych z grup głodujących wynosiła 615 lub 76% ogółu ankietowanych. W okręgach Kilwa i Mufindi, w których grupy rolników nie były wykorzystywane, stanowią 24 procent (195) wszystkich badanych (810) z dwóch okręgów objętych próbą, przy czym każdy z nich stanowi około 50 procent. Wykorzystanie mieszanych respondentów z grup, które nie znajdują się w grupach, miało na celu kontrolę ewentualnych uprzedzeń. Tabela 3.1 przedstawia określenie wielkości próby z każdej wspólnoty lub grupy rolników w jedenastu okręgach.

Tabela 3.1 Określenie respondentów kwestionariusza w grupach rolników

Nie	Nazwa grupy rolników/wspólnoty	Dystrykt	Członkowie (uprawnieni)	Współczynnik pobierania próbek	Liczba próbek
1	Stowarzyszenie Mleczarskie Fuoni	Dzielnica Zachodnia	99	0.759259	75
2	Farm Field School w Kendwa	Mkoani	92	0.759259	70

3	Stowarzyszenie użytkowników wody w wiosce Pangalua	Kondoa	79	0.759259	60
4	Grupa Farmerów	Sengerema	59	0.759259	45
5	Sayuni SACCOS Wioska Galangala	Mheza	46	0.759259	35
6	Rolnicy z Madumy	Ulanga	79	0.759259	60
7	Grupa Farmerów	Kilombero	59	0.759259	45
8	Juhiwangumwa Organizacja wspólnotowa z siedzibą w Juhiwangumwa Wildlife Management Area	Rufiji	46	0.759259	35
10	Mbuti Beach Management Unit	Iringa Wiejska	99	0.759259	75
12	Gospodarka leśna na terenie gminy Chokoachoko	Katesh	86	0.759259	65
13	SACCOS w Umbwe	Wioska Moshi	66	0.759259	50
	Razem				**615**

Źródło: Badacz 2015

W dyskusji w grupach fokusowych uczestniczyło jedenaście grup po 10 osób, w sumie 110 osób, co daje 920 osób w całym badaniu. Reprezentacja krajowa badanej próby została osiągnięta poprzez podział kraju na sześć różnych stref, przy czym każda ze stref była reprezentowana poprzez udział w zbieraniu danych poprzez wywiad kwestionariuszowy i dyskusję w grupach fokusowych. Tabela 3.2 i Tabela 3.3 przedstawiają szczegóły dotyczące lokalizacji geograficznej dla danych badawczych oraz nazwy grup fokusowych.

Podejście *quasi-randomizacyjne* ustanowiło sześć stref, w których zbierano dane z każdej ze stref poprzez zorganizowany kwestionariusz i dyskusję w grupach fokusowych. Podejście to miało na celu właściwe rozmieszczenie przedstawicieli z różnych części kraju.

Tabela 3.2 Położenie geograficzne dla gromadzenia danych z badań

Nie	Dystrykt	Region	Strefa	Metoda zbierania danych i próbki		Duża aktywność życiowa respondentów
				Respondenci kwestionariusza	Uczestnicy FGD	
1	Dzielnica Zachodnia	Mjini Magharibi (Unguja)	Zanzibar	75	10	Rybołówstwo i rolnictwo
2	Mkoani	Południe (Pemba)	Zanzibar	70	10	Rybołówstwo i rolnictwo
3	Kondoa	Dodoma	Centralna	60	10	Pasterstwo (Maasai)
4	Sengerema	Mwanza	Zachód	45	10	Rolnictwo
5	Mheza	Tanga	Wschód	35	10	Rolnictwo
6	Ulanga	Morogoro	Wschód	60	10	Rolnictwo
7	Kilombero	Morogoro	Wschód	45	10	Pasterstwo i rolnictwo
8	Rufiji	Pwani	Wschód	35	10	Rolnictwo
9	Mufindi	Iringa	Południe	90		Rolnictwo
10	Iringa Wiejska	Iringa	Południe	75	10	Rolnictwo
11	Kilwa	Lindi	Południe	95		Rolnictwo
12	Katesh	Manyara	Północ	65	10	Pasterstwo i rolnictwo
13	Wioska Moshi	Kilimandżaro	Północ	50	10	Rolnictwo
			OGÓŁEM	**810**	**110**	

Źródło: Badacz 2015

3.4 Dane i gromadzenie danych

Jak wyjaśniono w poprzednich punktach, w niniejszym badaniu wykorzystano dane przekrojowe "*dane pierwotne*" zebrane bezpośrednio od respondentów "głów gospodarstw domowych". Dane zostały zebrane za pomocą kwestionariusza ankietowego od 810 respondentów w trzynastu powiatach, przy czym weryfikacja zebranych danych została przeprowadzona poprzez dyskusję w grupach fokusowych (po dziesięć osób w każdej grupie fokusowej) w 11 powiatach, co zostało przedstawione w tabeli 3.2. Ponadto w poprzednich punktach rozwinięto, że jednostką badaną jest gospodarstwo domowe z informacjami zebranymi od głowy gospodarstwa domowego lub od przedstawiciela głowy gospodarstwa domowego.

Zbieranie danych odbywało się w trzech fazach: faza pierwsza obejmowała opracowanie narzędzi do zbierania danych, a mianowicie kwestionariusza ankiety strukturalnej oraz listy kontrolnej do dyskusji w grupach fokusowych. Faza druga polegała na wprowadzeniu i ukierunkowaniu osoby odpowiedzialnej za spis (asystent terenowy), która pomagała w administrowaniu kwestionariuszem w dwóch okręgach, wstępnym przetestowaniu narzędzi gromadzenia danych w celu ich dopracowania i dokonania niezbędnych korekt. Faza trzecia obejmowała faktyczne gromadzenie danych poprzedzone ubieganiem się o oficjalne pozwolenie od administracji okręgowych, które nie miały projektów IFAD i podstawowych charakterystyk technicznych. Pismem z dnia 16/8/2011 r. nr KDC/E.10/207/VOL.11-49 Urząd Powiatowy w Kilwie upoważnił do zbierania danych za pomocą kwestionariusza ankietowego, natomiast Urząd Powiatu Mufindi pismem z dnia 9/9/2011 r. nr HW/MUF/5.50/42 IV/202 upoważnił do zbierania danych za pomocą kwestionariusza ankietowego. Kopie listów zatwierdzających załączone są w załączniku 6. Jeśli chodzi o gromadzenie danych w pozostałych jedenastu okręgach, w których istniały grupy rolników IFAD i BTC, badacz miał uprzednie pozwolenie na dostęp do grup projektowych, a zatem pismo upoważniające do interakcji z respondentami nie było wymagane. Jednak badacz wyraził wcześniej zgodę na udział w badaniu ankietowym i dyskusji w grupach fokusowych.

Rzeczywisty proces zbierania danych wymagał od podmiotów wyliczających, administrujących kwestionariuszem dla gospodarstw domowych, wybranych przy użyciu zarówno prostych prób losowych, jak i technik przypadkowych i osądowych. Wymienieni musieli ustalić dobre relacje i zgodę respondenta, a następnie przystąpić do wypełniania kwestionariusza. Kwestionariusz został wypełniony przez osoby zajmujące się wyliczaniem, ponieważ: i) większość osób na obszarach wiejskich to analfabeci lub półpiśmienni, dlatego też trudno jest im wypełnić kwestionariusz; ii) ponieważ kwestionariusz był łatwo zrozumiały dla osób zajmujących się wyliczaniem, dlatego też w interesie osób zajmujących się wyliczaniem czasu wypełniano kwestionariusz; (iii) operatorom wyliczającym podawano kwestionariusz w celu uniknięcia niekompletności; (vi) operatorom wyliczającym podawano kwestionariusz w celu zwiększenia dokładności odpowiedzi niejednoznacznych; (v) operatorom wyliczającym podawano kwestionariusz, ponieważ był on sporządzony w języku oryginalnym (angielskim) w celu uniknięcia błędów w tłumaczeniach. Z rekordów czasowych wyliczeń wynika, że ankieta była wypełniana średnio w ciągu 45 minut, z wyjątkiem niektórych przypadków, w których trwała do około 60 minut (jednej godziny).

W jedenastu okręgach przeprowadzono jedenaście dyskusji grupowych, jak wskazano w tabeli 3.2. Badacz ułatwiał wszystkie dyskusje w grupach fokusowych, prowadząc jednocześnie swoje regularne oficjalne misje w celu interakcji z beneficjentami projektu. Po uzyskaniu zgody uczestnicy zostali poproszeni o przedyskutowanie motywów zapisu, kierując się wzorcowym formatem listy kontrolnej, załączonym jako załącznik 2. Badacz ułatwił dyskusję, wyjaśniając niejednoznaczne obszary i zwracając uwagę na kluczowe kwestie. Dyskusje w grupach fokusowych trwały średnio trzydzieści minut.

Tabela 3.3. Nazwy i daty dyskusji w grupach fokusowych

nie	Nazwy grup fokusowych	Dystrykt	Data
1	Stowarzyszenie Mleczarskie Fuoni	Dystrykt Zachodni	czerwiec 2012 r.
2	Farm Field School w Kendwa	Mkoani	maj 2012 r.
3	Stowarzyszenie użytkowników wody w wiosce Pangalua	Kondoa	październik 2013 r.
4	Grupa Farmerów	Sengerema	kwiecień 2013 r.
5	Sayuni SACCOS Wioska Galangala	Katesh	kwiecień 2013 r.
6	Rolnicy z Madumy	Mheza	kwiecień 2013 r.
7	Grupa Farmerów	Iringa Wiejska	kwiecień 2013 r.
8	Juhiwangumwa Organizacja wspólnotowa z siedzibą w Juhiwangumwa Wildlife Management Area	Rufiji	luty 2015 r.
9	Mbuti Beach Management Unit	Kilombero	marzec 2015 r.
10	Gospodarka leśna na terenie gminy Chokoachoko	Ulanga	marzec 2015 r.
11	SACCOS w Umbwe	Wioska Moshi	lipiec 2012 r.

Źródło: Badacz 2015

3.5 Ramy analityczne

Analiza opisowa, analiza infekcyjna i model ekonometryczny są powszechnie stosowane w analizie danych w większości badań empirycznych nad determinantami oszczędności gospodarstw domowych. Na przykład prace Chowa *i in.* (2012); Mirach i Hailu (2014); Precious i Asrat (2014); Teshome *i in.* (2013); oraz Nigus (2015) wykorzystały analizę opisową do stworzenia statystyk opisowych, a także wykorzystały analizę infekcyjną i modele ekonometryczne do wyjaśnienia zmiennych demograficznych i perspektyw teoretycznych poprzez oszacowanie relacji i testowanie hipotez. Czyszczenie danych, zwłaszcza numerycznych, odbywało się za pomocą wykresu ploterowego w celu zanotowania wartości odstających usuniętych z wcześniejszej analizy danych.

Ramy analizy danych dla tego badania są podobne do ram analitycznych stosowanych przez innych badaczy w tej dziedzinie. Dlatego też analiza danych do tego badania jest przeprowadzana na trzy sposoby: (i) analizę opisową stosuje się do oszacowania statystyk opisowych, takich jak częstotliwości, wartości procentowe i tabele krzyżowe; (ii) analizę infekcyjną przy użyciu testu nieparametrycznego "Chi-kwadratowa statystyka testu (X2)" stosuje się do testowania hipotez; oraz (iii) analizę regresji przy użyciu regresji logistycznej[21] stosuje się do oszacowania modelu badawczego. W niniejszym badaniu wykorzystano dane pierwotne, które w większości mają charakter kategoryczny (znany również jako dyskretny), dlatego większość zmiennych jest mierzona na dwóch poziomach, a mianowicie na poziomie nominalnym i na poziomie porządkowym. Jednak dyskusja i wnioski z tego badania opierają się na wynikach analizy danych.

21 W statystyce **regresja logistyczna** (czasami nazywana modelem **logistycznym** lub **modelem logitowym**) jest używana do przewidywania prawdopodobieństwa wystąpienia zdarzenia poprzez dopasowanie danych do krzywej logistycznej. Jest to uogólniony model liniowy używany do regresji dwumianowej. Podobnie jak wiele innych form analizy regresji, wykorzystuje ona kilka zmiennych predykcyjnych, które mogą być liczbowe lub kategoryczne (Agresti, 1996).

Niniejsze badanie dotyczące uwarunkowań indywidualnego oszczędzania na obszarach wiejskich Tanzanii dzieli motywy oszczędzania na dwie szerokie kategorie, a mianowicie motywy utrzymania i motywy braku utrzymania. Motywy utrzymania odnoszą się do motywów oszczędzania, które mogą przyczynić się do zmniejszenia ubóstwa, obejmują motywy biznesowe, motywy związane z przejściem na emeryturę, motywy związane z zapobieganiem, motywy związane z edukacją, motywy związane z domem, motywy związane z ziemią, motywy związane z aktywami, motywy związane z dodatkowymi kosztami utrzymania, motywy związane z podatkami i spłatą pożyczek; z drugiej strony motywy niezwiązane z utrzymaniem odnoszą się do motywów, które nie przyczyniają się do zmniejszenia ubóstwa, takich jak motywy związane z wypoczynkiem i podróżą, motywy związane z luksusem, motywy związane z rozrywką, motywy związane ze ślubem i pogrzebem.

3.6 Model ekonometryczny

3.6.1 Specyfikacja modelu

W niniejszym badaniu wykorzystano Model Regresji Logistycznej (LRM) do zbadania zależności w postaci prawdopodobieństwa między niezależnymi zmiennymi, a mianowicie wiekiem, płcią, wykształceniem, stanem cywilnym, wielkością rodziny, zawodem i dochodem oraz zmienną zależną, która jest zmienną oszczędzającą motywy. Uzasadnieniem dla zastosowania modelu LRM jest fakt, że dane z badań mają postać kategoryczną i liczbową, a zatem do oszacowania modelu badawczego właściwa jest regresja logistyczna. Badacz postuluje związek między cechami demograficznymi i społeczno-ekonomicznymi, takimi jak dochody, płeć, wiek, stan cywilny, wielkość rodziny, zawód i wykształcenie, z jednej strony, a motywami oszczędnościowymi, z drugiej strony. Zmienną zależną jest jednak dychotomia, w związku z czym motywy oszczędzania zostały podzielone na dwie kategorie: (i) motywy oszczędnościowe lub motywy oszczędnościowe, które zmniejszają ubóstwo oraz (ii) motywy inne niż oszczędnościowe (motywy oszczędnościowe, które nie zmniejszają ubóstwa). Podczas gdy kategoria środków utrzymania obejmuje motywy oszczędzania, które przyczyniają się do zmniejszenia ubóstwa, w tym motywy biznesowe, motywy emerytalne, motywy zapobiegawcze, motywy związane z edukacją, motywy związane z domem, motywy związane z ziemią, motywy związane z aktywami, motywy związane z dodatkowymi kosztami utrzymania, motywy związane z podatkami i spłatą pożyczek; z drugiej strony kategoria środków utrzymania nie obejmuje motywów, które nie przyczyniają się do zmniejszenia ubóstwa, takich jak motywy związane z wypoczynkiem i podróżą, motywy związane z luksusem, motywy związane z rozrywką, motywy związane ze ślubem i pogrzebem. Zmienne modelowe są powszechnie stosowane w wielu badaniach empirycznych nad determinantami domowych motywów oszczędzania, w tym w pracach Chowa *i in.* (2012); Mirach i Hailu (2014); Precious i Asrat (2014); Teshome *i in.* (2013); oraz Nigus (2015). Ponadto badane zmienne są poparte istniejącymi teoriami dotyczącymi oszczędzania w gospodarstwach domowych, które Chowa *i inni* (2012) podzielili na trzy perspektywy: (i) perspektywa zorientowana na jednostkę; (ii) perspektywa stratyfikacji społecznej; oraz (iii) perspektywa instytucjonalna.

Model ten jest wykorzystywany do pomiaru związku cech demograficznych i społeczno-ekonomicznych z zachowaniami oszczędnościowymi gospodarstwa domowego w świetle motywów oszczędnościowych zmniejszających ubóstwo i motywów oszczędnościowych nie zmniejszających ubóstwa. Regresja logistyczna jest uogólnionym modelem liniowym (GLM), który następuje w ramach estymatorów maksymalnego prawdopodobieństwa (MLE). Badacz wybrał ten model, ponieważ pozwala on na wykorzystanie zarówno danych numerycznych, jak i kategorycznych (zmiennych dyskretnych) w przeciwieństwie do estymatorów ze zwykłymi najmniejszymi kwadratami (OLS) (modele regresji liniowej), które pozwalają na wykorzystanie tylko zmiennych ciągłych (danych numerycznych). Model dostarcza empirycznych wyników, które stanowią podstawę do dyskusji na temat zasadności motywów oszczędzania na rzecz ograniczania ubóstwa. Zastosowany w badaniu model regresji logistycznej jest zapewniony przez funkcję logistyczną:

$$f(y) = \frac{1}{1+e^{-z}} \qquad (1)$$

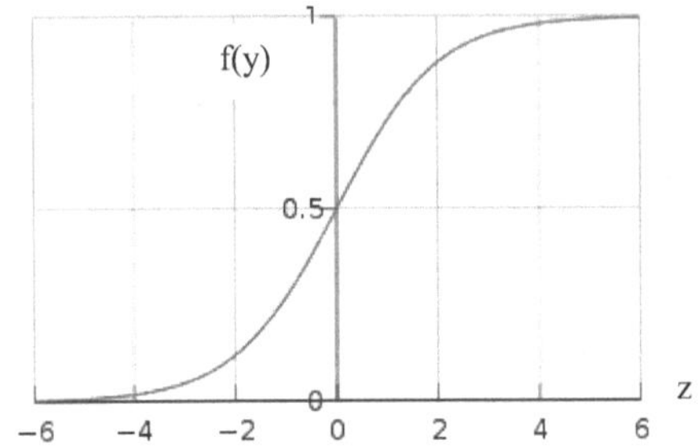

Rysunek 3.1 Krzywa logistyczna

Wykres funkcji przedstawiony jest na rysunku 3.1. Wejście" jest z na osi poziomej, a "wyjście" jest *f(y)* na osi pionowej. Zmienna z reprezentuje wiejskie czynniki oszczędnościowe gospodarstw domowych, natomiast *f(y)* reprezentuje prawdopodobieństwo konkretnego wyniku, biorąc pod uwagę ten zestaw czynników (determinantów). Zmienna z jest miarą całkowitego udziału wszystkich czynników użytych w modelu i jest znana jako logit.

Zmienna z jest zdefiniowana jako

$$z=\beta_0+\beta_1X_1+\beta_2X_2+\beta_3X_3+\beta_4X_4+\beta_5X_5+\beta_6X_6+\beta_7X_7 \qquad (2)$$

Równanie regresji logistycznej (1) zapisane ze zdefiniowaną zmienną z

$$f(y) = \frac{1}{1+e^{-\beta_0+\beta_1X_1+\beta_2X_2+\beta_3X_3+\beta_4X_4+\beta_5X_5+\beta_6X_6+\beta_7X_7}} \qquad (3)$$

Model badawczy ma charakter stochastyczny (lub probabilistyczny), a nie deterministyczny, co oznacza, że istnieją czynniki, które wpływają na motywy oszczędnościowe gospodarstw domowych na wsi, ale nie są w tym modelu reprezentowane. Jednak w przeciwieństwie do modeli OLS nie jest częste wprowadzanie terminu błędu w modelach logitowych. Zmienna z czynników zdefiniowanych jako

$$z=\beta_0+\beta 1X1+\beta 2X2+\beta 3X3+\beta 4X4+\beta 5X5+\beta_{6X6}+\beta_{7X7} \quad (4)$$

Gdzie:

f(y) = Zmienna zależna, która oszczędza motywy

X1 = Pierwszy predyktor, którym jest wiek

X2 = drugi predyktor, którym jest edukacja

X3 = trzeci prognostyk, którym jest stan cywilny

X4 = czwarty predyktor, którym jest płeć

X5=piąty predyktor, który jest dochodem

X6=szósty predyktor, który jest zawodem

X7=seventh predictor which is family size/dependent level

β0 = przechwytywanie

β1 = współczynnik regresji pierwszego predyktora (X1- wiek)

β2 = współczynnik regresji drugiego predyktora (X2- edukacja)

β3 = współczynnik regresji trzeciego predyktora (X3- stan cywilny) β4 = współczynnik regresji czwartego predyktora (X4-sex)

β 5=współczynnik regresji piątego predyktora (X5- dochód)

β6=współczynnik regresji szóstego predyktora (X6-zawód)

β7=współczynnik regresji siódmego współczynnika prognostycznego (rozmiar rodziny X7)

W związku z tym w równaniu (3) przedstawiono model badawczy, który składa się z jednej zmiennej zależnej, siedmiu zmiennych niezależnych i przechwytywania. Każdy ze współczynników regresji opisuje wielkość składki przez predykatora. Współczynnik regresji dodatniej oznacza, że predykator zwiększa kurs wyniku, a ujemny współczynnik regresji oznacza, że predykator zmniejsza kurs wyniku; duży współczynnik regresji oznacza, że predykator silnie wpływa na kurs wyniku; natomiast współczynnik regresji bliski zeru oznacza, że predykator ma niewielki wpływ na kurs wyniku.

3.6.2 Zmienne wzorcowe

Zmienna zależna

W modelu badawczym wykorzystuje się zmienne kategoryczne (dyskretne). Istnieje jedna zmienna zależna, znana również jako zmienna zależna od dychotomii dla badanego modelu. Składa się on z dwóch kategorii, gdzie kategoria 1: motywy oszczędzania środków do życia i kategoria 2: przeciwstawianie się motywom oszczędzania, które zmniejszają ubóstwo *"nie do życia"*, stąd model jest binarną regresją logistyczną. Kategoria środków utrzymania obejmuje motywy oszczędzania, które przyczyniają się do zmniejszenia ubóstwa, w tym motywy biznesowe, motywy związane z przejściem na emeryturę, motywy związane z zapobieganiem, motywy związane z edukacją, motywy związane z domem, motywy związane z ziemią, motywy związane z aktywami, motywy związane z dodatkowymi kosztami utrzymania, motywy związane z podatkami i spłatą pożyczek; natomiast kategoria środków utrzymania nie obejmuje motywów, które w rzeczywistym sensie nie przyczyniają się do zmniejszenia ubóstwa, w tym motywy związane z wypoczynkiem i podróżą, motywy związane z luksusem, motywy związane z rozrywką, motywy związane z weselem i pogrzebem. Dlatego też pierwsza kategoria "opowiada się za motywami oszczędzania, które mogą zwalczać ubóstwo, stanowi odniesienie zależne, podczas gdy druga kategoria "sprzeciwia się motywom oszczędzania, które mogą zwalczać ubóstwo, stanowi odniesienie zależne. Kategoria referencyjna dla zmiennej zależnej została ustalona jako kategoria niższa, aby uniknąć możliwości jej pominięcia.

Zmienna niezależna

W modelu badawczym wykorzystuje się siedem predykatorów, a mianowicie dochód, płeć, wiek, wykształcenie, zawód, wielkość rodziny i stan cywilny, jednak kodowanie kategoryczne przewiduje, że najwyższy (ostatni) jest domyślnym punktem odniesienia. Pomiar niezależnych zmiennych tj. wieku, wykształcenia, wielkości rodziny, dochodów i zawodu jest podobny do tych stosowanych w innych badaniach nad oszczędzaniem w gospodarstwach domowych, w tym w pracach Chowa *i in.* (2012); Mirach i Hailu (2014); Precious i Asrat (2014); Teshome *i in.* (2013); oraz Nigus (2015). Dlatego prognostyki są mierzone w następujący sposób:

(i) Seks:

1 -Mężczyzna

2 -Kobieta (odniesienie domyślne)

(ii) Wiek

1 -Młody (poniżej 50 lat)

2 -Old (powyżej 50 lat) (odniesienie domyślne)

(iii) Edukacja

1 -niska edukacja (poziom podstawowy i średni)

2 -Wykształcenie wyższe (poziom wyższy) - domyślny poziom odniesienia

(iv) Stan cywilny

1 -Małżeństwo

2 -Brak ślubu (Owdowiały, Rozwiedziony, W separacji, Nigdy) - odniesienie domyślne

(v) Dochód

1-Poor (zarabiają mniej niż TZS 300.000 miesięcznie)

2-Bez ubogich (zarabiać powyżej TZS 300.000 miesięcznie) (domyślne odniesienie)

(vi) Zawód

1-farming (rośliny uprawne i zwierzęta gospodarskie)

2 działania poza gospodarstwem (odniesienie domyślne)

(vii) Wielkość rodziny (poziom zależności)

1-mała rodzina (poniżej pięciu członków gospodarstwa domowego)

Rodzina licząca dwie osoby (powyżej pięciu członków gospodarstwa domowego) (domyślne odniesienie)

3.6.3 Test istotności

W tym badaniu wykorzystano test Hosmera i Lemeshow Chi-kwadratowy test dobrego dopasowania, aby sprawdzić ogólne dopasowanie badanego modelu. Według Garsona (2008) test Hosmera i Lemeshowa jest zalecanym testem dla ogólnego dopasowania binarnego modelu regresji logistycznej. Dobroć testu Fit Hosmera i Lemeshowa dzieli uczestników na decyle w oparciu o przewidywane prawdopodobieństwa, a następnie oblicza chi-kwadrat na podstawie obserwowanych i oczekiwanych częstotliwości. Następnie oblicza się wartość prawdopodobieństwa (p) z kwadratu chi, aby sprawdzić dopasowanie modelu logistycznego. W przypadku, gdy dobre wyniki badań Hosmera i Lemeshowa są wyższe niż 0,05, co jest wymagane w przypadku dobrze dopasowanych modeli, wówczas potwierdza się hipotezę zerową, co oznacza, że modele szacują dopasowanie danych na akceptowalnym poziomie.

3.6.4 Statystyka Walda

Test statystyczny Walda wykorzystano do sprawdzenia istotności poszczególnych współczynników regresji logistycznej dla każdej niezależnej zmiennej, czyli do sprawdzenia hipotezy zerowej w modelu, że dany efekt współczynnika wynosi zero. Test pomógł zdecydować, jakie niezależne zmienne wypadają z modelu na podstawie ich poziomu istotności. Test Walda odpowiada badaniu istotności współczynników beta (β) w regresji OLS.

3.6.5 Założenia

Jest to powszechne zjawisko przyjmujące założenia w modelach ekonometrycznych. Dlatego też model ekonometryczny tego badania nie zakłada restrykcyjnych założeń regresji OLS, które obejmują: (i) liniowa zależność między zmiennymi zależnymi i niezależnymi, (ii) wielokoliczność, (iii) heteroskalkuliczność oraz (iv) problemy z autokorelacją. Modele logistyczne nie zakładają liniowej zależności pomiędzy zmiennymi zależnymi i zmiennymi niezależnymi, jak to ma miejsce w przypadku modeli OLS, ani modele MLE nie są dotknięte wielokoliniowością, heterokaskaskalicznością oraz (iv) problemami autokorelacji, które normalnie występują w modelach OLS. Co więcej, model badawczy nie wymaga, aby zmienne miały postać interwału (ciągłego) lub były normalnie rozkładane, jak to ma miejsce w przypadku modeli regresji OLS.

3.7 Hipotezy Testowanie

Test Chi-Square (X2) został wykorzystany do sprawdzenia hipotez zerowych w badaniu: (i) motywy oszczędnościowe mieszkańców wsi są racjonalne, oraz (ii) mieszkańcy wsi nie wyłączają motywów oszczędnościowych. Test chi-squared został wykorzystany do określenia, czy istnieje znacząca różnica między oczekiwanymi wynikami (częstotliwościami) a zaobserwowanymi wynikami (częstotliwościami). Wartości X2 do testowania hipotezy zerowej (viz, Ho: $Q2s=Q2p$) zostały obliczone przy użyciu oprogramowania komputerowego SPSS z podanej poniżej formuły X2:

$$X2 = Q2s / Q2p\ (n-1)$$

Gdzie:

$Q2s$ = wariancja próbki (określana jako wyniki obserwowane)

$Q2p$ = wariancja populacji (określana jako oczekiwane wyniki)

(n-1) = stopień swobody, gdzie n oznacza liczbę respondentów w próbie

3.8 Ważność i niezawodność

W ramach badania prawidłowości stwierdza się, że badanie to jest zgodne z większością technik badania prawidłowości, a mianowicie: (i) dowodami opartymi na zawartości badania; (ii) dowodami opartymi na procesach reakcji; (iii) dowodami opartymi na strukturze wewnętrznej; (iv) dowodami opartymi na relacjach z innymi zmiennymi; oraz (v) dowodami opartymi na konsekwencjach badania. Stosowana metodologia badania (podejście badawcze, strategia doboru próby, ramy analityczne) jest podobna do metod i narzędzi innych badaczy zajmujących się oszczędzaniem w gospodarstwach domowych, takich jak badania Mirach i Hailu (2014); Teshome *i in.*, (2013); Nigus (2015); oraz Chowa *i in.*, (2012).

Opracowano szereg środków mających na celu kontrolę ewentualnej bezwładności, np. kontrolowano uprzedzenia geograficzne poprzez zastosowanie stref z danymi zebranymi z sześciu stref reprezentujących różne geografie, kultury, gospodarki itp. Płeć kontrolowana była poprzez ukierunkowanie na stosunek 50:50 mężczyzn i kobiet, tendencyjność respondentów kontrolowana była poprzez zastosowanie prostego losowego doboru próby, przy czym do wyboru respondentów w grupach rolników stosowano liczby losowe, natomiast do kontroli tendencyjności związanej ze znajomością badacza-odpowiedzi kierowano tylko te grupy rolników, które nie były zaznajomione z badaczem. Zebrano również dane z badań w okresie tego samego przywództwa politycznego o stabilnej sytuacji makroekonomicznej, kontrolując tym samym uprzedzenia związane ze społeczno-gospodarczymi wpływami politycznymi.

Ponadto wyniki są analogiczne do tych postulowanych przez teorie i są podobne do innych wielu badań empirycznych, np. NBS (2014) pokazuje, że wiejskie gospodarstwa domowe wykorzystują własne oszczędności jako kapitał na rozpoczęcie działalności gospodarczej w Tanzanii. Dlatego wyniki tego badania są ważne i wiarygodne.

ROZDZIAŁ CZWARTY

WYNIKI

4.1 Wprowadzenie

W niniejszej części przedstawiono wyniki badań nad determinantami oszczędności gospodarstw domowych na obszarach wiejskich Tanzanii. Badanie bada zachowania ludności wiejskiej pod kątem motywów oszczędzania i odnosi się do czterech celów szczegółowych, a mianowicie do (i) określić motywy oszczędnościowe gospodarstw domowych na obszarach wiejskich; (ii) ocenić zmianę motywów oszczędnościowych; (iii) określić związek między motywami oszczędnościowymi a cechami demograficznymi; oraz (iv) określić czasowy wymiar podziału zapisów między transferami *wewnątrz-* i *międzypokoleniowymi*. Wyniki dotyczą również dwóch hipotez badania: (i) motywy oszczędnościowe gospodarstw domowych na wsi są racjonalne, (ii) gospodarstwa domowe na wsi nie wyłączają motywów oszczędnościowych.

Standardowa ankieta została wykorzystana do zebrania danych ankietowych od 810 respondentów w trzynastu gminach wiejskich. Ponadto, dane zostały zebrane w drodze dyskusji w grupach fokusowych, w których uczestniczyło około 110 respondentów w 11 powiatach wiejskich, w rozdziale trzecim przedstawiono szczegółową metodologię badań. Dane terenowe zostały zebrane w latach 2011-2015. Respondenci są szefami gospodarstw domowych lub ich przedstawicielami od 18 roku życia. W Tanzanii jest to wiek prawny, który oznacza, że dana osoba może zgodnie z prawem podejmować pracę zarobkową i/lub angażować się w działalność przynoszącą dochód, z prawami i swobodą wyboru sposobu wykorzystania takich zarobków. Wiele gospodarstw domowych twierdzi, że w rzeczywistości nie oszczędzało głównie dlatego, że uzyskiwane dochody były niewielkie, tak że były wykorzystywane do konsumpcji "od *ręki do ust*"; jednak ich odpowiedzi i poglądy na temat motywów oszczędzania zostały uznane za zasadne w badaniu przy założeniu, że motywy oszczędzania są motywami, na które respondenci oszczędzaliby pod *ceteris paribus*. W związku z tym badanie bada poglądy gospodarstw domowych na temat motywów oszczędzania w ogóle.

4.2 Wyniki zbiorcze

Tabela 4.1: Statystyki odpowiedzi

Opis/kontrola	liczba odpowiedzi	Odsetek odpowiedzi
Płeć respondenta	810	100.0%
Wiek respondenta	809	99.9%
Grupa wiekowa respondenta	809	99.9%
Poziom wykształcenia respondenta	713	88.0%
Stan cywilny respondenta	807	99.6%
Liczba osób pozostających na utrzymaniu	619	76.4%
Zawód respondenta	745	92.0%
Miesięczne oszacowanie dochodu respondenta	690	85.2%
Gdzie są przechowywane twoje oszczędności?	805	99.4%
Powód wyboru miejsca, w którym należy oszczędzać	762	94.1%
Jaki jest twój pierwszy motyw oszczędzania	805	99.4%
Jaki jest twój drugi motyw oszczędzania	804	99.3%
Jaki jest twój trzeci motyw oszczędzania	804	99.3%
Jaki jest twój czwarty motyw oszczędzania	804	99.3%
Jaki jest twój piąty motyw oszczędzania	803	99.1%
Jaki jest twój szósty motyw oszczędzania	803	99.1%
Jaki jest twój siódmy motyw oszczędzania	802	99.0%
Jaki jest twój ósmy motyw oszczędzania	802	99.0%
Jaki jest twój dziewiąty motyw oszczędzania	802	99.0%
Jaki jest twój dziesiąty motyw oszczędzania	802	99.0%
Jaki jest twój jedenasty motyw oszczędzania	801	98.9%
Jaki jest twój dwunasty motyw oszczędzania	799	98.6%
Kategoria priorytetowych motywów respondenta	802	99.0%
Preferowany przez respondenta motyw oszczędzania	807	99.6%
Priorytetowy odbiorca zapisu respondenta	802	99.0%
Rodzaj przekazywanych zapisów	779	96.2%
Rzeczywisty termin przekazania zapisów	788	97.3%
Pozycje o pierwszorzędnym znaczeniu dla korzystania z oszczędzania	807	99.6%
Elastyczność w stosunku do motywów respondenta	800	98.8%
Źródło pieniędzy na zakup większości aktywów	695	85.8%
Znajomość zagadnień finansowych przez respondenta	799	98.6%
Wybrane proporcje portfela aktywów	704	86.9%
średnie odpowiedzi	781	96.4%
Brak odpowiedzi	29	3.6%

Źródło: Dane w terenie (2015 r.)

Łączna liczba respondentów, którzy wzięli udział w badaniu, wynosi 810. Powyższa tabela 4.1 przedstawia odsetek odpowiedzi na każde pytanie w kwestionariuszu, ogólna liczba odpowiedzi w badaniu wynosi 781 respondentów (96,4 proc.), zatem odsetek braku odpowiedzi wynosi 3,6 proc. Respondenci posiadają cechy społeczno-ekonomiczne: 52,3 procent to mężczyźni, a 386 (47,7 procent) to kobiety. 12 proc. respondentów w ogóle nie uczęszczało do szkoły, 62,7 proc. ma wykształcenie podstawowe, a 22,2 proc. średnie, podczas gdy tylko 3,1 proc. zdążyło studiować do poziomu wyższego (college'u lub uniwersytetu). Stan cywilny respondentów obejmuje: 53,3 proc. jest w związku małżeńskim, 36,2 proc. w stanie wolnym, 3,7 proc. w stanie wdowy, 3,1 proc. w stanie rozwodu i 3,3 proc. w separacji. Wyniki pokazują zajęcie respondentów jako działalność rolniczą i pozarolniczą 95,1 proc. i 4,9 proc. jest zatrudnionych. Przeciętnie każdy respondent ma na utrzymaniu cztery osoby.

Odpowiedzi na pytanie, gdzie respondenci trzymają i/lub wolą trzymać oszczędności, dotyczą domu 42,2%, przy czym powody trzymania pieniędzy w domu to bezpieczeństwo, łatwa dostępność i niewiele pieniędzy, które nie byłyby właściwe i/lub ekonomicznie uzasadnione trzymanie ich w formalnych instytucjach finansowych; 57% respondentów woli trzymać pieniądze w instytucjach finansowych takich jak bank komercyjny, SACCOS, RUSACCOS, VICOBA i ROSCA powody to bezpieczeństwo, dyscyplina lub samokontrola podczas korzystania z pieniędzy, prawo dostępu do kredytów (pożyczek).

Tabela 4. 2: Reakcja na zapisywanie preferencji motywu

Nie	Motyw oszczędzania	Wynik (%)											
		1.	2.	3.	4.	piąty	szósty	7.	8.	9.	10.	11.	12.
1	Przejście na emeryturę	3.2	6.7	17.8	14.2	14.8	10.7	10.2	11.4	6.0	2.5	1.1	0.4
2	Dodatkowe koszty utrzymania	1.7	4.8	5.4	9.6	8.0	15.8	18.5	20.1	11.9	2.2	0.9	0.2
3	Choroba, katastrofa (zapobiegawczo)	9.3	28.9	20.1	16.3	12.3	6.7	2.8	1.6	0.5	0.6		0.0
4	Edukacja	50.9	13.1	8.8	6.5	4.4	4.0	4.2	3.6	1.9	1.0	0.2	0.0
5	Małżeństwo	0.7	0.6	0.5	1.1	1.5	1.2	2.3	6.2	14.0	38.6	29.6	2.5
6	Dom i ziemia	15.6	19.1	12.0	12.5	12.7	8.6	9.9	5.6	1.7	0.6	0.7	0.4
7	Aktywa (przedmioty trwałe)	7.0	10.9	12.1	11.5	11.7	15.1	11.2	8.3	6.9	4.1	0.2	0.1
8	Rekreacja i rozrywka	0.5	0.2	0.4	0.9	0.4	0.5	0.5	0.9	1.9	3.7	15.3	74.9
9	Podatki i spłata pożyczek	0.5	1.7	4.9	7.2	10.0	14.6	17.0	18.6	14.4	6.9	1.7	0.7
10	Biznes	8.9	11.5	15.2	14.9	15.9	13.8	10.7	4.0	2.3	1.6	0.6	0.0
11	Nieszczególne	0.2		0.1	0.4	1.0	0.5	0.4	1.7	8.9	22.2	45.6	17.9
12	Zapisy	0.9	1.7	2.0	4.2	6.8	7.7	11.1	17.2	28.6	14.9	2.8	1.5

Źródło: Dane w terenie (2015 r.)

Tabela 4.2 pokazuje dane dotyczące pierwszeństwa gospodarstw domowych na obszarach wiejskich wobec dwunastu motywów oszczędnościowych, wyniki przedstawione w tej tabeli, na podstawie motywów oszczędnościowych o wysokiej punktacji bez powtórzeń, wyniki pokazują, że motywy edukacyjne otrzymują pierwszeństwo, a następnie choroba i katastrofa lub motywy zapobiegawcze, motywy domowe i gruntowe zajmują trzecie miejsce, emerytura - miejsce czwarte, biznes - miejsce piąte, aktywa - miejsce szóste, dodatkowe koszty utrzymania - miejsce siódme, podatki i spłata kredytu - miejsce ósme, zapisy - miejsce dziewiąte, małżeństwo - miejsce dziesiąte, brak konkretnego motywu - miejsce jedenaste, a rozrywka i wypoczynek - miejsce dwunaste. Wyniki w zakresie chorób i katastrof (zapobiegawczo) potwierdzają nieodpowiednie systemy socjalne i ubezpieczenia na obszarach wiejskich.

Większość gospodarstw domowych 74,1 procent (600 osób) daje pierwszeństwo motywom oszczędzania związanym z ograniczaniem ubóstwa, w tym motywom biznesowym i przedsiębiorczym; motywom związanym z aktywami i dobrami trwałymi; motywom związanym z domem i ziemią; motywom związanym z edukacją; motywom związanym z przejściem na emeryturę; motywom związanym z dodatkowymi kosztami utrzymania; chorobom (*zdrowie jako pełnomocnik osoby produkującej lub zasobów ludzkich*), katastrofom i motywom związanym z zapobieganiem; motywom związanym z płaceniem podatków i spłatą pożyczek; jednak 24,9 procent daje pierwszeństwo motywom niezwiązanym z ograniczaniem ubóstwa, takim jak spadek, motywom niezwiązanym z konkretną osobą, małżeństwem oraz motywom związanym z wypoczynkiem i rozrywką.

Tabela 4. 3: Wybrany model zachowania respondenta

Model zachowania		Częstotliwość:	Procent
	Cykl życia	692	85.4
	Dynastia	110	13.6
	Altruizm	5	0.6
Brak odpowiedzi		3	0.4
	Razem	810	100.0

Źródło: Dane w terenie (2015 r.)

W tabeli 4.3. przedstawiono cykl życia jako dominujący model zachowania się wiejskiego gospodarstwa domowego w wieku 85 lat. 4 procent respondentów wybrało model cyklu życia, za nim plasuje się model dynastii 13,6 procent, a altruizm (0,6 procent) jest ostatnim modelem zachowań gospodarstw domowych na wsi. Tanzania. Jeśli chodzi o podział spadku, 78,6 proc. woli pozostawić swój spadek wszystkim dzieciom; 13,5 proc. decyduje się pozostawić spadek pierworodnemu dziecku, a 5,2 proc. badanych gospodarstw domowych woli pozostawić spadek wszystkim krewnym. Z badania wynika, że respondenci preferują takie rodzaje zapisów, które mają być dystrybuowane, jak wsparcie socjalne, takie jak edukacja, leczenie, jedzenie i małżeństwo; finansowanie kapitału, aktywów, np. domu, artykułów gospodarstwa domowego, samochodu; inwestycje i przedsiębiorstwa; pomoc finansowa i dotacje dla osób nie będących członkami rodziny, takich jak sieroty, osoby chore, wdowy, osoby niepełnosprawne itp. Z jednej strony wyniki pokazują, że wszystkie gospodarstwa domowe są gotowe do faktycznego podziału niektórych zapisów przed śmiercią (lub jeszcze za życia) *"transfery międzypokoleniowe"*, np. zapewnienie edukacji, leczenia, wyżywienia; z drugiej strony 85,6 procent gospodarstw domowych nie jest gotowych do przekazania zapisów aż do chwili po śmierci *"transferów międzypokoleniowych"* dla dóbr takich jak aktywa i inwestycje. Spośród czterech pozycji, a mianowicie rozrywki, środków produkcji i przedsiębiorstw, aktywów i edukacji, to właśnie edukacja otrzymuje najwyższy priorytet, ponieważ ogólne wyniki pokazują, że 66,8 procent respondentów jest gotowych do wykorzystania oszczędności na edukacji.

Tabela 4.4: Elastyczność w zakresie motywów oszczędzania

Przełączanie motywów oszczędzania	Częstotliwość:	Procent
Nigdy	370	45.7
rzadko	301	37.2
Nierzadko	129	15.9
Brak odpowiedzi	10	1.2
Razem	810	100.0

Źródło: Dane w terenie (2015 r.)

Tabela 4.4 pokazuje elastyczność gospodarstw domowych w zakresie motywów oszczędzania; 45,7 procent nigdy nie próbuje zmienić pierwotnych motywów, 37,2 procent rzadko zmienia motywy oszczędzania, a tylko 15,9 procent oczekuje częstej zmiany motywów oszczędzania. Jeśli chodzi o źródło pochodzenia pieniędzy na zakup aktywów, 56,2 proc. kupuje aktywa za pieniądze oszczędnościowe i nieoszczędnościowe, 19,3 proc. kupuje aktywa za pieniądze nieoszczędnościowe, a 10,4 proc. kupuje aktywa za pieniądze oszczędnościowe.

Wyniki pokazują, że 79,4 procent wiejskich gospodarstw domowych nie posiada podstawowej wiedzy na temat edukacji finansowej, w tym księgowości, sprawozdań finansowych, kalkulacji kosztów, odsetek, dywidend, wyceny. 16,4 procent posiada bardzo niską wiedzę na temat zagadnień finansowych, a tylko 2,8 procent posiada średnią wiedzę z zakresu zarządzania finansami. Spośród dwunastu badanych aktywów w portfelu aktywów gospodarstw domowych: radio, telewizja, motocykl, samochód, lodówka, rower, szafka, komplet wypoczynkowy, łóżko, materac, dom, kuchnia i naczynia; gospodarstwa wiejskie posiadają 45 procent (5 pozycji) w portfelu aktywów.

4.3 Wyniki badań zdezagregowanych

Zdezagregowane wyniki oparte na kohorcie płci i wieku w podziale na kobiety i mężczyzn, odpowiednio młodych i starszych, pokazują, że 71,7 procent mężczyzn priorytetowo traktuje motywy "pro-zmniejszania ubóstwa", a 76,7 procent kobiet priorytetowo traktuje motywy "pro-zmniejszania ubóstwa". Z drugiej strony 73,4 procent młodych respondentów (poniżej 50 roku życia) preferuje motywy oszczędzania środków do życia "pro-zmniejszania ubóstwa", podczas gdy 82,8 procent starszych respondentów preferuje tę samą kategorię motywów. 89,9 młodych respondentów preferuje model zachowania w cyklu życia, podczas gdy 74,1 procent osób starszych wybrałoby ten model. 85,8 procent kobiet wybrało cykl życia jako model zachowania, podczas gdy 85 procent mężczyzn wybrało ten sam model. O wyborze i preferowaniu zapisów, które mają być dokonane: 77,8 procent mężczyzn woli dawać spadki wszystkim dzieciom, a 79,5 procent kobiet woli dawać spadki wszystkim dzieciom. Podobnie 77,1 proc. młodych respondentów zdecydowało się na przekazanie zapisów wszystkim dzieciom, podczas gdy 96,6 proc. osób w starszym wieku ma taki sam wybór.

Jeśli chodzi o rodzaje zapisów, 96% mężczyzn preferuje zapisy takie jak wsparcie socjalne, np. edukacja, leczenie, wyżywienie, małżeństwo; wsparcie ekonomiczne, np. kapitał, inwestycje/przedsiębiorstwa; oraz pomoc finansową dla sierot, osób niepełnosprawnych, wdów, chorych, uchodźców itp. 96,1% kobiet również dokonuje podobnej selekcji zapisów. Podobnie, zarówno młodzi, jak i starzy respondenci na poziomie odpowiednio 95,9 proc. i 96,6 proc. wolą przedkładać te same zapisy powyżej. Zarówno kohorta wiekowa, jak i płeć dzielą zapisy na dwie grupy: (i) zapisy, które mogą być faktycznie przekazane za życia, *"transfery międzypokoleniowe", takie jak* edukacja oraz (ii) zapisy, które mogą być faktycznie przekazane po śmierci, *"transfery międzypokoleniowe"*, takie jak aktywa, inwestycje itp. wyniki pokazują jednak, że 84,3 procent młodego pokolenia preferuje zapisy przekazywane po śmierci, podczas gdy 100 procent osób starszych preferuje zapisy z młodego pokolenia. Podobnie, 86,3% mężczyzn preferuje przeniesienie zapisu po śmierci, podczas gdy 84,7% kobiet ma takie same preferencje jak mężczyźni.

Spośród czterech pozycji, a mianowicie rozrywki i wypoczynku, środków produkcji rolnej i przedsiębiorstw, majątku domowego i edukacji, które respondenci powinni traktować priorytetowo przy korzystaniu z oszczędności, 66,7 mężczyzn preferuje oszczędzanie na edukacji, podczas gdy 66,8 kobiet również ma takie same preferencje jak mężczyźni. Podobnie 67,1 proc. młodego pokolenia preferuje oszczędzanie na materiałach edukacyjnych, podczas gdy 62,1 proc. dorosłych ma podobne preferencje w przypadku osób młodych. Jeśli chodzi o elastyczność w odniesieniu do motywów oszczędzania, 48,7 procent młodych respondentów jest sztywno nastawionych na zmianę motywów, podczas gdy 58,6 procent starszych respondentów rzadko zmieniałoby motywy wyboru. Podobnie 53,4 proc. kobiet nigdy nie zmienia motywów oszczędzania z wyboru, podczas gdy 41,3 proc. mężczyzn rzadko zmienia motywy wyboru. 59,4 procent mężczyzn kupuje większość majątku gospodarstwa domowego, zarówno oszczędzając, jak i nie oszczędzając, a 52,6 procent kobiet kupuje gospodarstwa domowe, zarówno oszczędzając, jak i nie oszczędzając. Podobnie 54,2 proc. młodych ludzi wykorzystuje zarówno oszczędności, jak i nieoszczędności do nabywania aktywów, podczas gdy 82,8 proc. osób starszych wykorzystuje te same środki co młodzież do nabywania aktywów osobistych.

Znajomość zagadnień finansowych, w tym księgowości, rachunkowości, zarządzania finansami i bankowości, 80,7 procent młodych ludzi na wsi nie posiada podstawowej wiedzy z zakresu finansów, podczas gdy 62,1 procent starych respondentów jest również bez podstawowej wiedzy z zakresu finansów. Podobnie 84,7 procent kobiet na obszarach wiejskich twierdzi, że nie posiada formalnych umiejętności i wiedzy związanych z finansami, podczas gdy 74,5 procent mężczyzn finansuje analfabetów.

Tabela A4.37 przedstawia motywy oszczędnościowe o charakterze priorytetowym ze względu na płeć i wiek ułożone w preferowany sposób, młodzi ludzie preferują motywy oszczędnościowe związane z edukacją, katastrofą zdrowotną lub motywem zapobiegawczym, motywem przejścia na emeryturę, motywem biznesowym, motywem dodatkowych kosztów utrzymania, motywem zapisu, motywem małżeństwa, motywem nieokreślonym oraz motywem wypoczynku i rozrywki. Z drugiej strony starsi ludzie preferują chorobę, katastrofę lub motyw zapobiegawczy, motyw przejścia na emeryturę, motyw domu i ziemi, motyw prowadzenia działalności gospodarczej, motyw aktywów, motyw podatków i pożyczek, motyw dodatkowych kosztów utrzymania, motyw małżeństwa, motyw nieokreślony oraz motyw wypoczynku i rozrywki. Podobnie, mężczyźni preferują następujące motywy ułożone w kolejności: motyw edukacyjny, choroba, katastrofa lub motyw zapobiegawczy, motyw biznesowy, motyw dodatkowych kosztów utrzymania, motyw podatków i pożyczek, motyw zapisu, motyw małżeństwa i motyw wypoczynku. Z drugiej strony kobiety wolą motywy edukacyjne, chorobowe, katastrofalne i zapobiegawcze, motywy biznesowe, podatkowe i pożyczkowe, dodatkowy motyw kosztów utrzymania, motywy zapisu, motywy małżeńskie, motywy nieokreślone, motywy związane z wypoczynkiem i rozrywką.

4.4 Wyniki analizy ekonometrycznej

Regresja logistyczna, która nazywana jest również modelem logit, jest formą regresji, która jest stosowana, gdy zmienną zależną jest dychotomia, a zmienne niezależne są dowolnego typu (Agresti, 1996). Binarna regresja logistyczna była modelem z wyboru dla badania zależności między zmienną zależną a niezależnymi zmiennymi badania, jak podano w trzecim celu badania. Zmienna zależna od badań była nominalnie dychotomiczna pod względem motywów *nie oszczędzających środków do życia* = 0 i motywów oszczędzających środki do *życia* = 1. Model ten został zastosowany, ponieważ jest potężny i popularny w naukach społecznych, zwłaszcza w przewidywaniu zmiennej zależnej na podstawie ciągłych i/lub kategorycznych zmiennych niezależnych, wyznaczaniu procentu wariancji zmiennej zależnej tłumaczonej zmiennymi niezależnymi, pomiarze wpływu kowariancyjnych zmiennych kontrolnych (inaczej nazywanych zmiennymi niezależnymi) oraz rankingowaniu względnego znaczenia zmiennych niezależnych.

Przewidywanie zmiennej zależnej jest wykonywane przez obliczenie kursu występującej zmiennej zależnej. Procent wariancji zmiennej zależnej objaśnionej przez niezależne zmienne jest określony przez obliczenie Cox & Snell R Square oraz Plac Nagelkerke Rktóre są analogiczne do współczynnika oznaczenia (R2) w regresji zwykłego najmniejszego kwadratu (OLS). Ocena wpływu zmiennych niezależnych na zmienną zależną odbywa się poprzez obserwację znaków współczynników regresji logistycznej (*wartości B*), które mają ujemne lub dodatnie oznaki, oznaczające odpowiednio ujemny lub dodatni wpływ na zmienną zależną. Względne znaczenie zmiennych niezależnych jest określane poprzez obserwację wielkości statystyk Walda i odpowiadających im poziomów istotności, które badają znaczenie wartości *B* dla każdej indywidualnej zmiennej (Garson, 2008).

Zwykły model regresji najmniej kwadratowych nie został zastosowany, ponieważ zakłada, że zmienne są liniowo powiązane, podczas gdy w rzeczywistości nie są, ale regresja logistyczna zakłada brak liniowej zależności między zmiennymi, a zatem był to preferowany model w tym badaniu, który zakłada brak liniowej zależności między zmiennymi zależnymi i niezależnymi. Regresja logistyczna ma trzy rodzaje, a mianowicie *binarną regresję logistyczną*, *zwykłą regresję logistyczną* i *wielomianową regresję logistyczną*. Wielomianowa regresja logistyczna jest formą regresji logistycznej, która obsługuje przypadek zmiennych zależnych o więcej niż dwóch klasach. Zwykła regresja logistyczna jest formą regresji logistycznej, która jest preferowana zamiast wielomianowej regresji logistycznej, gdy można uszeregować wiele klas zmiennych zależnych. Niezależne zmienne wprowadzone do modelu były mieszaniną poziomu wskaźnika i poziomu nominalnego, jak pokazano w tabeli 4.5.

Tabela 4.5: Zmienne wprowadzane do modelu regresji logistycznej

Zmienna	Uzasadnienie włączenia	Poziom (i jednostka miary)
Motywy związane z ograniczaniem ubóstwa	Czy zmienna zależna uzyskana przez zgrupowanie wartości motywów nieratujących życia, np. wypoczynek, rozrywka, małżeństwo i spadek (0) oraz motywów oszczędzających życie, np. edukacja, dom/ląd, aktywa, podatki i pożyczki, działalność gospodarcza, emerytura, dodatkowe koszty utrzymania, choroba, (1)	Nominalna dychotomia
Sex	Uważa się, że ma to pewien wpływ na priorytetyzację motywów oszczędnościowych między mężczyznami i kobietami.	Nominalna dychotomia
Kohorta wiekowa	Jest jednym z czynników wpływających na priorytetyzację motywów oszczędzania wśród młodzieży i osób starszych	Nominalnie
Poziom wykształcenia	Jest jednym z czynników wpływających na skuteczne podejmowanie decyzji dotyczących motywów oszczędzania	Zwykły
Stan cywilny	Jest jednym z wyznaczników indywidualnych motywów oszczędzania.	Nominalnie
Poziom osób zależnych	Jest jednym z czynników wpływających na motywy oszczędzania przez jednostkę	Zwykły
Zawód	Czynnik ten ma wpływ na decyzje dotyczące motywów oszczędzania	Nominalnie
Poziom dochodów	Jest jednym z czynników wpływających na motywy oszczędnościowe osób fizycznych	Zwykły

Źródło: Dane w terenie (2015 r.)

Po wprowadzeniu do komputera zmiennych przedstawionych w tabeli 4.5 i wykonaniu analizy regresji logistycznej binarnej z wykorzystaniem SPSS, wyniki przedstawione są w tabelach A4.1 do A4.85. Warto zauważyć, że zaprezentowano tu tylko wybrane wyjścia.

Binarne wyniki regresji logistycznej i szanse na to, że są to motywy oszczędzające środki do życia

Jednym z istotnych wyników modelu binarnej regresji logistycznej było podsumowanie przetwarzania przypadków, które zostało przedstawione w tabeli 4.6; pokazuje ono, że 100% z 510 przypadków zostało uwzględnionych w analizie. Przypadki te stanowią 62,96% całej próby 810 osób wykorzystanych w badaniu. Przypadki te zostały wybrane na podstawie pełnej odpowiedzi na siedem niezależnych zmiennych.

Tabela 4.6: Podsumowanie rozpatrywania spraw

Przypadki nieważone (n = 510)		%
	Włączone do analizy	100.0
Wybrane przypadki	Przypadki brakujące	0
	Razem	100.0
Niewybrane przypadki		0.0
Razem		**100.0**

Źródło: Dane w terenie (2015 r.)

Kolejnym wyjściem był test Omnibus współczynników modelu. Test Omnibus jest testem zdolności wszystkich predykatorów (niezależnych zmiennych) w modelu do wspólnego przewidywania zmiennej odpowiedzi (zależnej). Stwierdzenie istotności oznacza, że dane są odpowiednio dopasowane do modelu i że co najmniej jeden z predykatorów jest istotnie związany ze zmienną odpowiedzi (Garson, 2008). Zgodnie z tym wyjaśnieniem oraz patrząc na wyniki z tabeli 4.7, z której wynika, że istniało znaczenie na poziomie 0,001 (*p=0,016*), dane wprowadzone do modelu odpowiednio dopasowały model, a co najmniej jeden z predykatorów jest istotnie związany ze zmienną odpowiedzi.

Tabela 4.7: Test zbiorczy współczynników modeli

		Chi-square	df	Sig.
Etap 1	Krok	23.265	11	0.016

Blok	23.265	11	0.016
Model	23.265	11	0.016

Źródło: Dane w terenie (2015 r.)

Ponadto, podsumowanie modelu, przedstawione w tabeli 4.8 przedstawiającej kwadrat Cox & Snell R i kwadrat Nagelkerke R, zostało wybrane jako ważny wynik modelu regresji logistycznej binarnej. Cox-Snell R2 i Nagelkerke R2 próbują zapewnić logistyczną analogię do R2 w regresji OLS; stąd też są nazywane pseudo R2. Nagelkerke R2 to modyfikacja Cox-Snell R2 w celu zapewnienia, że Cox-Snell R2 waha się od zera do jednego, podobnie jak R2 w regresji OLS. Jeśli Cox-Snell R2 nie jest modyfikowany, jego maksymalna wartość jest zazwyczaj mniejsza niż 1, co utrudnia jego interpretację.

Tabela 4.8: Podsumowanie modelu

Krok	-2 Prawdopodobieństw o logowania	Cox & Snell R Square	Plac Nagelkerke R
1	523.637	0.045	0.068

Źródło: Dane w terenie (2015 r.)

Garson (2008) zauważa, że Nagelkerke R2 jest zazwyczaj wyższy niż Cox-Snell R2 i jest najczęściej podawany jako pseudo oszacowanie R2. W związku z tym, w oparciu o wyniki przedstawione w tabeli 4.8, z których wynika, że Nagelkerke R2 wynosił 0,068, oznacza to, że zmienne niezależne wprowadzone do modelu wyjaśniły 6,8% wariancji zmiennej zależnej.

Wyniki testów Hosmera i Lemeshow'a (tabela 4.9) były kolejnym wynikiem modelu. Test Hosmera i Lemeshowa, zwany również Hosmerem i Lemeshow chi-square, jest testem poprawności dopasowania modelu regresji logistycznej, który działa poprzez porównanie zaobserwowanych i dopasowanych liczeń wartości według szacowanych prawdopodobieństw sukcesu. Test dobrego dopasowania Hosmera i Lemeshowa dzieli uczestników na decyle (patrz tabela 4.9) w oparciu o przewidywane prawdopodobieństwa, a następnie oblicza chi-kwadrat na podstawie obserwowanych i oczekiwanych częstotliwości. Stwierdzenie nieistotności oznacza, że model odpowiednio pasuje do danych (Hosmer i Lemeshow, 1980, cytowane przez Agresti, 2002).

W niniejszym opracowaniu wartość uzyskanego chi-kwadratu Hosmera i Lemeshowa wynosiła 8,193 i nie była znacząca (*p = 0,415*), jak wynika z tabeli 4.9. Zazwyczaj, w każdym przypadku, gdy wartość chi-square Hosmera i Lemeshow jest większa niż 0,05, pożądana jest dobra kondycja (Garson, 2008). W takich przypadkach oznacza to, że szacunki modelu pasują do danych na akceptowalnym poziomie (Garson, 2008). Garson (2008) dodaje, że nie oznacza to, że model koniecznie wyjaśnia dużą część wariancji zmiennej zależnej, ale że wyjaśnia ona w znacznym stopniu tę wariancję. Dlatego, zgodnie z powyższym wyjaśnieniem, model zastosowany w tym badaniu, który zawierał pięć zmiennych objaśniających i zmienną odpowiedzi, odpowiednio pasował do danych.

Tabela 4.9: Test Hosmera i Lemeshowa

Krok	Chi-square	df	Sig.
1	8.193	8	0.415

Stół interwencyjny dla Hosmera i Lemeshow Test

	Priorytetowa kategoria motywów respondenta = motywy niemające na celu ratowania życia		Kategoria priorytetowych motywów respondenta = motywy oszczędzające środki do życia		Razem
	Obserwowany	Oczekiwany	Obserwowany	Oczekiwany	
1	20	20.563	31	30.437	51
2	14	16.259	33	30.741	47

	3	14	10.494	19	22.506	33
	4	16	13.744	43	45.256	59
	5	13	9.919	34	37.081	47
Etap 1	6	5	10.739	50	44.261	55
	7	12	11.885	50	50.115	62
	8	6	7.457	37	35.543	43
	9	10	9.068	47	47.932	57
	10	6	5.872	50	50.128	56

Źródło: Dane w terenie (2015 r.)

Innymi istotnymi wynikami modelu były statystyki Walda, które przedstawiono w tabeli 4.10, test Walda jest testem alternatywnym, powszechnie stosowanym do badania istotności poszczególnych współczynników regresji logistycznej dla każdej niezależnej zmiennej (czyli do sprawdzenia hipotezy zerowej w regresji logistycznej, że dany współczynnik efektu jest równy zero). Statystyka Walda jest kwadratowym stosunkiem niestandardowego współczynnika logistycznego do jego błędu standardowego. Na przykład w Tabeli 4.10, statystyka Walda dla poziomu wykształcenia, która wynosi 2,066, została uzyskana z następującej zależności: $(1.264/0.879)^2$, co równa się 2.066. Statystyka Walda odpowiada istotnemu badaniu współczynników β w regresji zwykłego najmniejszego kwadratu (OLS). Współczynniki Walda związane z poszczególnymi niezależnymi zmiennymi pomagają nam uświadomić sobie relatywne znaczenie każdej niezależnej zmiennej. Innymi słowy, współczynnik Walda jest miarą unikalnego wkładu każdej niezależnej zmiennej w kontekście innych niezależnych zmiennych i posiadania stałych innych niezależnych zmiennych. Większa statystyka Walda sugeruje, że związana z nią niezależna zmienna ma wysoki udział w występowaniu zmiennej zależnej.

Wpływ, który może być ujemny lub dodatni, zmiennej niezależnej na zmienną zależną jest oznaczany znakiem (ujemnym lub dodatnim) poszczególnych współczynników regresji logistycznej (wartość β) dla zmiennej niezależnej, która jest generowana równolegle ze statystyką Walda. Ujemny znak związany ze współczynnikiem β wskazuje, że dana zmienna zmniejsza logit zmiennej zależnej (tzn. zmniejsza prawdopodobieństwo, że zdarzenie (w tym przypadku motywy oszczędzające środki do życia) zostanie zrealizowane, i odwrotnie. Na przykład w tabeli 4.10 płeć, kohorta wiekowa, stan cywilny, poziom osób pozostających na utrzymaniu, zawód i poziom dochodów zmniejszają szanse jednostki na wybór motywów oszczędnościowych, które zmniejszają ubóstwo, ponieważ ich wartość β wiąże się z negatywnymi objawami. Z tego samego powodu tylko jedna zmienna "poziom wykształcenia zwiększa szanse jednostek na wybór motywów oszczędnościowych, które zmniejszają ubóstwo, ponieważ noszą one pozytywne oznaki, jednak w modelu nie ma zmiennej neutralnej, która nie ma wpływu na motywy oszczędnościowe zmniejszania ubóstwa, ponieważ żadna zmienna o wartości β nie jest równa 0.

Tabela 4.10: Zmienne w równaniu regresji logistycznej

	Oczekiwany znak	*β*	S.E.	Wald	df	Sig.	Exp(β)	95,0% C.I. dla EXP(β) Niżej	95,0% C.I. dla EXP(β) Górna strona
Sex		-0.225	0.231	0.947	1	0.330	0.799	0.508	1.256
Kohorta wiekowa	+	-0.174	0.467	0.139	1	0.709	0.840	0.337	2.099
Poziom wykształcenia	+	1.264	0.879	2.066	1	0.151	3.539	0.632	19.837
Stan cywilny	+	-1.019	0.847	1.446	1	0.229	0.361	0.069	1.900
Poziom osób zależnych	+	-0.249	0.266	0.876	1	0.349	0.780	0.463	1.313
Zawód	+	-1.746	0.777	5.055	1	0.025	0.174	0.038	0.799
Poziom dochodów	+	-0.069	0.323	0.046	1	0.830	0.933	0.495	1.757
Stały		2.562	1.228	4.352	1	0.037	12.961		

Źródło: Dane w terenie (2015 r.)

Aby mieć pewność, że niektóre zmienne objaśniające są znacząco ważne w oddziaływaniu na wariancję zmiennej odpowiedzi, zarówno wartości β, jak i korelacje powinny być znaczące. Wymóg ten pomaga opanować problem, w którym czasami okazuje się, że współczynniki regresji logistycznej są znaczące, gdy odpowiednie korelacje są nieistotne i odwrotnie (Garson, 2008). Różnica ta wynika z trzech głównych przyczyn: a) współczynniki logistyczne są współczynnikami częściowymi, kontrolującymi dla innych zmiennych w modelu, podczas gdy współczynniki korelacji są niekontrolowane; b) współczynniki regresji logistycznej odzwierciedlają zależności liniowe i nieliniowe, podczas gdy współczynniki korelacji odzwierciedlają jedynie zależności liniowe; oraz c) znacząca estymacja parametrów b) oznacza, że istnieje związek między zmienną niezależną a zmienną zależną dla wybranych grup kontrolnych, ale niekoniecznie całkowity (Garson, 2008). Na podstawie tej wiedzy, zawód jednostki miał najwyższą statystykę Walda (5,055), jednak ma ujemną wartość β, a więc zmniejsza logit zmiennej zależnej; poziom wykształcenia ze statystyką Walda (2,066) ($p=0,151$) jest jedyną niezależną zmienną, która zwiększa logit zmiennej zależnej, co oznacza, że zwiększa prawdopodobieństwo wyboru przez jednostkę motywów oszczędzających środki do życia.

Statystyki Walda przedstawione w tabeli 4.10 zostały przedstawione na rys. 4.1 w celu zilustrowania stopnia, w jakim każda z nich przyczyniła się do zwiększenia prawdopodobieństwa wyboru przez jednostkę motywów oszczędzających środki do życia. Chociaż wszystkie statystyki Walda w tabeli 4.10 są dodatnie, z wyjątkiem statystyk Walda dotyczących poziomu wykształcenia, pozostała część statystyk Walda dotyczących płci, wieku, stanu cywilnego, osób pozostających na utrzymaniu, zawodu i dochodów otrzymała ujemne wartości na rzecz rys. 4.1, ponieważ ich współczynniki regresji logistycznej (wartości β) były ujemne, co oznacza, że miały negatywny wpływ na zmienną zależną.

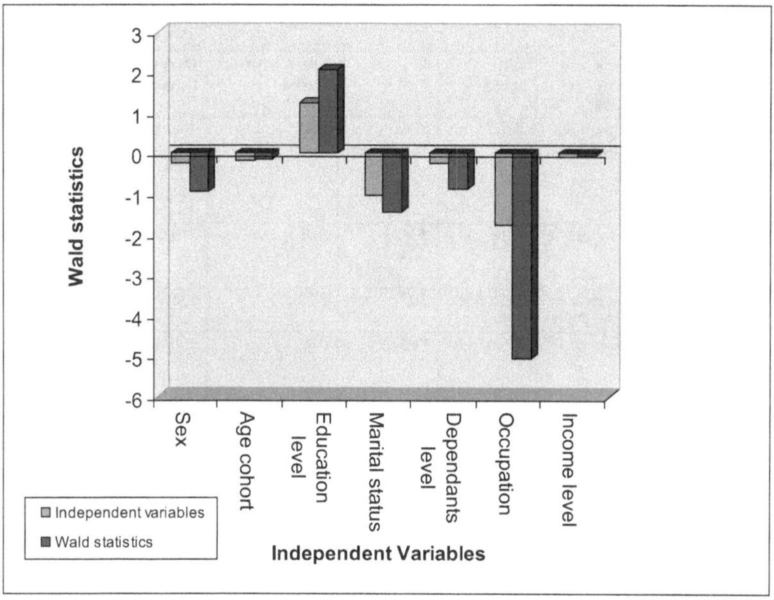

Rysunek 4.1: Wkład niezależnych zmiennych

Źródło: Dane w terenie (2015 r.)

Z wyników przedstawionych w tabeli 4.10 i na rys. 4.1 wynika, że najważniejszą zmienną, która wpłynęła pozytywnie na wybór motywów oszczędzania środków do życia, była edukacja. Wielkości wpływu innych niezależnych zmiennych na zmienną zależną (motywy oszczędnościowe) przedstawiono w tabeli 4.10 i na rysunku 4.1.

Testy Chi-square

Tabela 4.11 Podsumowanie wyników testów Chi-Square

Test Chi-square	**Wynik istotny (p=0.000)**	**Chi-square**	**Łączna liczba**	**Obserwowana liczba**	**Oczekiwana liczba**	**Reszta**
Dominujący motyw oszczędzania Kategoria motywu	motywy bytowe	197.55	802	600	401.0	199.0
Dominujący model oszczędzania	Cykl życia	1018.238	807	692	269.0	423.0
Odbiorcy spadków	Wszystkie dzieci	2336.344	802	637	133.7	503.3
Elastyczność w zakresie motywów oszczędzania	Nigdy	115.553	800	370	266.7	103.3
Czas na dystrybucję zapisów	Po śmierci	453.812	788	693	394.0	299.0
Priorytetowy motyw oszczędzania w gospodarstwie domowym	Edukacja	2186.369	805	412	67.1	344.9

Źródło: Dane w terenie (2015 r.)

Wyniki badań chińsko-kwadratowych w tabeli 4.11 pokazują wyniki istotności dla motywów życiowych jako dominującą kategorię motywów oszczędnościowych; cykl życiowy jest dominującym modelem motywów oszczędnościowych gospodarstw domowych; wiejskie gospodarstwa domowe preferują dystrybucję zapisów na wszystkie dzieci; a większość respondentów preferuje faktyczne przekazywanie zapisów po śmierci *"transfer międzypokoleniowy"*.

ROZDZIAŁ PIĄTY

OMÓWIENIE I PODSUMOWANIE

5.1 Wprowadzenie

Dyskusja i wnioski z badania nad determinantami indywidualnego oszczędzania na obszarach wiejskich Tanzanii opierają się na wynikach badań terenowych po analizie przedstawionej w poprzednim rozdziale. W niniejszym rozdziale szczegółowo omówiono wyniki badania dotyczące głównie czterech celów badania, a mianowicie: (i) określenia motywów oszczędzania w wiejskich gospodarstwach domowych; (ii) oceny zmiany motywów oszczędzania; (iii) określenia związku pomiędzy motywami oszczędzania a cechami demograficznymi; oraz (iv) określenia czasowego wymiaru podziału zapisów pomiędzy transferami *wewnątrz-* i *międzypokoleniowymi*. W rozdziale omówiono również wyniki analizy infekcyjnej obu hipotez badania: (i) motywy oszczędnościowe w wiejskich gospodarstwach domowych są racjonalne, oraz (ii) wiejskie gospodarstwa domowe są nieugięte w wyłączaniu motywów oszczędnościowych.

5.2 Dyskusja

5.2.1 Cel I: Motywy oszczędnościowe wiejskich gospodarstw domowych

Wyniki badań pokazują, że większość (85,4%) mieszkańców wsi w Tanzanii podąża za modelem cyklu życia, co oznacza, że ludność wiejska oszczędza przede wszystkim na potrzeby życiowe, w tym na płynną konsumpcję; edukacja, przedsiębiorstwa, dobra konsumpcyjne, emerytura itp. inne ważne motywy oszczędzania to motywy zapobiegawcze i zapisy itp. Okazało siĊ, Īe wiejskie gospodarstwa domowe są samolubne, podobne do wyników wielu poprzednich badaĔ, które testują waĪnoĞü róĪnych modeli oszczędzania w poszczególnych krajach (np. Bernheim (1991), Cox (1987), Hurd (1987), Altonji, Hayashi i Kotlikoff (1989) dla USA i Ohtake (1991), Ohtake i Horioka (1994) oraz Hayashi (1995) dla Japonii).

Dyskusja w grupie fokusowej: Motywy oszczędzania

W dyskusjach w grupach fokusowych większość mówi, że "jesteśmy biedni i w większości jesteśmy zależni od rolnictwa, które zazwyczaj boryka się z niezliczonymi wyzwaniami, takimi jak wahania pogody (powodzie i przeciągi), choroby zwierząt gospodarskich i upraw, kwestie marketingowe itp. ponadto nie ma usług finansowych i ubezpieczeniowych, które pomogłyby nam rozwiązać nasze problemy. Dlatego to właśnie oszczędzanie w dobrych latach pomaga zamortyzować złe lata, ale także niektóre przyszłe wydatki wymagają większych dochodów, które wymagają oszczędności w gospodarstwie domowym, np. czesnego, posagu lub ceny dla panny młodej, dużych zakupów, takich jak ziemia, dom lub założenie firmy. Mamy w Kiswahili powiedzenie, że "*Akiba Haiozi*" oznacza, że ratowanie nigdy nie gnije. Jednak w prawdziwym tego słowa znaczeniu oszczędzamy bardzo niewiele, ponieważ nasze dochody jako takie są zbyt niskie i niemalże zużywają cały zarobiony dochód. Ale mimo to oszczędzamy, gdy otrzymujemy zbiory i oszczędzamy w formie gotówki lub innych środków oszczędnościowych, np. zwierzęta, produkty roślinne, środki produkcji rolnej itp.

85,4 proc. respondentów zgłosiło model cyklu życia jako zachowanie oszczędzające. Gdy dane analizowane są w oparciu o płeć, zarówno mężczyźni, jak i kobiety wybierają ten model w równym stopniu, jednak gdy dane analizowane są w oparciu o grupę wiekową w odniesieniu do osób młodych i starszych, istnieje niewielka różnica, gdzie 89,9 procent młodych ludzi wybiera model cyklu życia, podczas gdy osoby starsze wybierają model dynastyczny. Wiąże się to ze zmianą motywów oszczędzania w czasie pod względem wieku; być może dzieje się tak dlatego, że w normalnych okolicznościach młodzi ludzie mają przed sobą wiele lat, więc sprawy osobiste pod względem zobowiązań społecznych i ekonomicznych są bardzo ważne. Z drugiej strony, starsi ludzie chcieliby utrwalić swoją linię rodzinną (dynastię), ponieważ gospodarstwa domowe żyją poza indywidualnymi członkami lub przedsiębiorstwami rodzinnymi, a zatem gospodarstwa domowe oszczędzają nie tylko na cykl życia, ale także są motywowane względami dynastycznymi.

Wyniki, zgodnie z którymi wiejskie gospodarstwa domowe stosują model cyklu życia, są uzupełnione wynikami dotyczącymi dwunastu priorytetowych motywów, w których respondenci przedstawili poglądy na temat motywów oszczędzania ułożonych w kolejności według ważności; Wyniki badań pokazują, że motyw edukacji otrzymuje pierwszeństwo, a następnie choroba i katastrofa (motyw prewencyjny), dom i ziemia motyw trzeci, emerytura czwarty, biznes piąty, aktywa motyw szósty, dodatkowe koszty utrzymania siódmy, podatki i spłata pożyczki motyw ósmy, zapisy motyw dziewiąty, małżeństwo dziesiąty, niespecyficzne motyw jedenasty, a rekreacja i rozrywka dwunasty.

5.2.2 Cel II: Przełączanie motywów oszczędnościowych

Respondentów pytano o poglądy w odniesieniu do podtrzymywania motywów oszczędzania. Wyniki wskazują na istnienie zarówno elastyczności, jak i nieelastyczności w zakresie motywów oszczędzania. Oznacza to, że istnieją osoby, które zachowują konsekwencję i nie zmieniają swojego motywu oszczędzania. Istnieją również momenty, w których gospodarstwa domowe zmieniają pierwotne motywy, a zatem istnieje pewna elastyczność w wykorzystywaniu oszczędności. Z jednej strony ważne jest, aby gospodarstwa domowe nie zmieniały motywów oszczędzania, które mają bezpośredni wpływ na ubóstwo, takich jak edukacja, biznes, majątek, dom i ziemia. Z drugiej strony, niepożądane jest utrzymywanie motywów, które wydają się mieć negatywny wpływ na zmniejszenie ubóstwa, takich jak małżeństwo, wypoczynek, rozrywka. Dlatego też elastyczność w zakresie motywów oszczędzania ma zarówno zalety, jak i wady w zależności od tego, jaki rodzaj motywów jest wyłączany lub włączany.

Dyskusja w grupie fokusowej: Zmiana motywów oszczędzania

Większość grup twierdzi, że to dziecinna zmiana dobra na złą. Staramy się nie zmieniać pierwotnego powodu korzystania z naszych oszczędności, ale istnieją okoliczności, które zmuszają nas do wyłączania pierwotnych motywów oszczędzania. Na przykład, gdy oszczędzamy na zakupie majątku gospodarstwa domowego, może dojść do zdarzenia, które wymaga natychmiastowej uwagi, takiego jak wypadek, choroba, pogrzeb, opłaty itp. te zdarzenia będą jednak skutkować porzuceniem pierwotnego motywu "kupowania majątku gospodarstwa domowego" w celu wykorzystania tych oszczędności na nieprzewidziane zdarzenia.

Innym powodem prowadzącym do sprzeniewierzenia naszych oszczędności jest fakt, że nasze oszczędności trzymamy pod materacem w domu, kiedy pieniądze się gromadzą jest to bardzo kuszące, tak że gospodarstwo domowe może zdecydować się na wykorzystanie ich do nieplanowanych działań. Jeśli na naszym miejscu będą instytucje finansowe, będziemy mogli oszczędzać i trzymać nasze pieniądze w banku przez określony czas , nasze pieniądze będą bezpieczne i będziemy mogli zachować dyscyplinę, aby wykorzystać nasze oszczędności na zaplanowane działania.

Gdy gospodarstwo domowe wybiera motywy utrzymania, niepożądana jest elastyczność w wyborze tych motywów, ponieważ przechodzi ono na motywy nie będące motywami utrzymania. Z drugiej strony, jeśli poszczególne osoby wymieniają motywy inne niż motywy utrzymania na motywy utrzymania, ta elastyczność jest korzystna w odniesieniu do ograniczania ubóstwa w gospodarstwach domowych. Ponadto wyniki wskazują na większą sztywność w wyłączaniu motywów oszczędzania u kobiet niż u mężczyzn; oznacza to, że mężczyźni szybko zmieniają zdanie w odniesieniu do motywów oszczędzania niż kobiety. Jednym z powodów, dla których mężczyźni są elastyczni, może być fakt, że w większości kultur afrykańskich mężczyźni są głowami rodzin i zajmują się różnymi kwestiami, które mogą wymagać zróżnicowanych i szybkich odpowiedzi, głównie o pewnych skutkach finansowych. W podobnej kwestii wyniki pokazują, że młodzi ludzie są bardziej sztywni w kwestii motywów oszczędzania niż ludzie starsi, którzy są nieco elastyczni. W większości młodzi ludzie mogą realizować cele życiowe wymagające dyscypliny finansowej w porównaniu z osobami starszymi, które ze względu na swój wiek mogą być nieco elastyczne w ostatnich latach. w celu wyjaśnienia tych spostrzeżeń i cech charakterystycznych konieczne jest dalsze badanie.

5.2.3 Cel III: Związek między motywami oszczędności a cechami społeczno-ekonomicznymi

Dyskusja w grupie fokusowej: Oszczędzanie wiedzy

Zaczęłam oszczędzać po tym, jak moi rodzice i krewni dowiedzieli się o tym, jak ważne jest oszczędzanie - powiedziała większość osób w grupach fokusowych. Wcześniej nie oszczędzałem, ponieważ wierzyłem, że śmierć może nastąpić w każdej chwili, dlatego muszę skonsumować wszystkie moje pieniądze, które tak naprawdę dostaję po zbyt dużym poceniu się. Inni mówili, że nie oszczędzaliśmy, ponieważ nie mieliśmy pojęcia, co wykorzystać z naszymi oszczędnościami; ja nie oszczędzałem, ponieważ nie wiedziałem, gdzie trzymać bezpiecznie swoje pieniądze, ale dowiedziałem się od innych rolników, że jeśli dołączę do SACCOS, to wtedy będę trzymał swoje pieniądze w SACCOS, a dzięki moim oszczędnościom będę mógł pożyczyć więcej pieniędzy od SACCOS. Uważamy, że wiedza o oszczędzaniu jest ważna i większość z nas nie oszczędzała do czasu, kiedy nauczyliśmy się, jak oszczędzać, jak ważne jest oszczędzanie, gdzie je zachować i jak właściwie je wykorzystać.

Binarny model regresji logistycznej wykorzystano do oszacowania zależności między motywami oszczędzania a cechami społeczno-ekonomicznymi gospodarstwa domowego, takimi jak wiek, płeć, stan cywilny i zawód, liczba osób pozostających na utrzymaniu, wykształcenie i dochody. Dane z tabeli 4.10 i rys. 4.1 pokazują, że wykształcenie jest jedyną niezależną zmienną dodatnio skorelowaną ze zmienną zależną, co oznacza, że poziom wykształcenia zwiększa prawdopodobieństwo wyboru przez gospodarstwo domowe motywów oszczędnościowych, które zmniejszają ubóstwo. Z drugiej strony, wyniki wskazują, że pozostałe czynniki prognozujące, a mianowicie płeć, wiek, stan cywilny, osoby pozostające na utrzymaniu, zawód i dochody, nie zwiększają szans gospodarstwa domowego na wybór motywów oszczędzających środki do życia, jednak wyniki badania wskazują, że zmienne te prawdopodobnie zwiększyłyby szanse gospodarstwa domowego na wybór motywów nie oszczędzających środków do życia. Wyniki sugerują, że edukacja jest kluczowym czynnikiem w podejmowaniu racjonalnych decyzji dotyczących motywów oszczędzania.

5.2.4 Współczynniki kursowe

W przeciwieństwie do kursów, które są jedynie prawdopodobieństwem wystąpienia zdarzenia, stosunek kursów jest naturalną podstawą logiczną, e, do wykładnika, β, gdzie β jest oszacowaniem parametru. Na przykład w Tabeli 4.10, współczynnik szans (Exp (β)) dla poziomu wykształcenia, który wynosi 3,539, został uzyskany z następującej zależności: $e^{1,264} = 2,718^{1,264} = 3,539$. Kolumna "Exp(β)" jest etykietą SPSS dla współczynników kursów zmiennych niezależnych od wiersza w stosunku do zmiennej zależnej (motywy oszczędzania). Współczynnik kursowy jest przewidywaną zmianą kursu na jednostkę wzrostu odpowiedniej niezależnej zmiennej. Wskaźniki kursów mniejsze niż 1 odpowiadają spadkowi kursu; wskaźniki kursów większe niż 1,0 odpowiadają wzrostowi kursu; wskaźnik kursu równy 1,0 oznacza, że dana zmienna niezależna nie ma wpływu na zmienną zależną, a wskaźnik kursu bliski 1,0 oznacza, że dana zmienna niezależna prawie nie ma wpływu na zmienną zależną (Wuensch, 2008).

Współczynnik kursowy dla danej zmiennej niezależnej reprezentuje czynnik, o który zmienia się kurs (zdarzenie, w tym badaniu motywy oszczędnościowe) dla zmiany jednej jednostki zmiennej niezależnej. W tym przykładzie, każdy wzrost poziomu wykształcenia zwiększa (ponieważ β jest dodatnie) szanse wyboru motywów oszczędzających środki do życia (ponieważ 0 = motywy nie oszczędzające środków do życia i 1 = motywy oszczędzające środki do życia) o współczynnik około 3,539, kontrolując dla innych zmiennych w modelu.

5.2.5 Cel IV: Rozkład zapisów w świetle *transferów in vivos* i *transferów międzypokoleniowych*

Wyniki badania pokazują, że większość wiejskich gospodarstw domowych dostarcza zapisy do wszystkich swoich dzieci. Ponadto, wyniki badań pokazują, że niektóre zapisy są dystrybuowane, gdy jednostka jeszcze żyje, podczas gdy z drugiej strony istnieją zapisy, które są praktycznie dystrybuowane po śmierci. Dlatego też zarówno transfery *międzypokoleniowe*, jak i *w vivos* są praktykowane przez wiejskie gospodarstwa domowe, jednak w zależności od rodzaju zapisu. Przeważnie majątek, ziemia i inwestycje są przekazywane głównie po śmierci, podczas gdy zapisy, które mają formę dotacji socjalnych, np. małżeństwo i edukacja, pomoc finansowa jest świadczona jeszcze za życia. Warunek ten aprobuje sytuację, w której ludzie są samolubni i nie są gotowi do zapewnienia innym kluczowych systemów wsparcia ekonomicznego w formie zapisów jeszcze za życia. Tam, gdzie bogactwo jest utrzymywane do czasu śmierci, może to powodować nierówności w dochodach, ponieważ niektórzy ludzie pozostają bogaci i nie chcą rozdawać części swojego bogactwa ubogim, którzy potrzebują pomocy w celu sfinansowania edukacji i innych systemów wsparcia życia.

Dyskusja w grupie fokusowej: Dystrybucja spadków
W odpowiedzi na podział zapisów, większość osób w grupach fokusowych mówi, że nasi rodzice uratowali i jeszcze za życia zapłacili za naszą edukację, cenę panny młodej, posag, ale tak naprawdę nie dali domu, ziemi, cennego majątku przed śmiercią. Tak, niektórzy rodzice dzielili i rozdzielali zapisy między członków rodziny, ale zapisy te pozostają pod ich kontrolą aż do śmierci. Ponadto, w dyskusjach grupy fokusowej wyraźnie okazało się, że "kultura" zazwyczaj ma duży wpływ na to, kto co i kiedy otrzymuje w formie zapisów. Niektóre zapisy były wyznaczane według płci, stanu urodzenia w odniesieniu do pierwszego i ostatniego urodzenia, zachowania dziecka, związku i niepełnosprawności osoby przyjmującej zapisy. Ponadto, w dyskusji było jasne, że zapisy były jedną z przyczyn niektórych konfliktów rodzinnych i nierówności majątkowych wśród członków rodziny, społeczności i społeczeństwa.

W oparciu o płeć, wyniki pokazują, że większość mężczyzn i kobiet w równym stopniu praktykuje *transfery międzypokoleniowe* i *w vivos transfery* spadków. Jednak w oparciu o kohortę wiekową, wyniki pokazują, że 100 procent badanych osób starszych preferuje dokonywanie zapisów po śmierci. Można to wytłumaczyć tym, że starsi ludzie mają mniej lat do życia, dlatego woleliby przekazywać zapisy po śmierci. Przenoszenie zapisów po śmierci może jednak powodować konflikty społeczne, gdy członkowie rodziny nie zgadzają się na podział zapisów.

5.2.6 Hipoteza I: Motywy oszczędnościowe w wiejskich gospodarstwach domowych są racjonalne

Hipoteza, że mieszkańcy wsi priorytetowo traktują racjonalne motywy oszczędzania przyczyniające się do redukcji ubóstwa, została przetestowana przez Chi-Square test statystyczny (X2) na poziomie istotności 5 procent przy użyciu SPSS. Wynik ($p=0.000$) potwierdza hipotezę zerową, która zakłada, że mieszkańcy wsi również podejmują inicjatywy na rzecz łagodzenia ubóstwa. Podobnie, wynik sugeruje, że mieszkańcy wsi podejmują właściwe decyzje w walce z ubóstwem. Motywy oszczędzania, które przyczyniają się do zmniejszenia ubóstwa, obejmują motywy biznesowe, motywy związane z przejściem na emeryturę, motywy związane z zapobieganiem, motywy związane z edukacją, motywy związane z domem, motywy związane z ziemią, motywy związane z aktywami, motywy związane z dodatkowymi kosztami życia, motywy związane z podatkami i spłatą pożyczek; z drugiej strony motywy oszczędzania, które nie przyczyniają się do zmniejszenia ubóstwa, to motywy związane z wypoczynkiem i podróżą, motywy związane z luksusem, motywy związane z rozrywką, motywy związane z weselem i pogrzebem.

Dyskusja w grupie fokusowej: Oszczędzanie środków do życia

Grupa fokusowa omawia ogólną reakcję na oszczędzanie na utrzymanie; w rzeczywistości większość z nas oszczędza na zakup środków produkcji rolnej, takich jak nawozy, pestycydy, herbicydy, nasiona, narzędzia rolnicze; oszczędzanie pomaga nam w otwieraniu mikroprzedsiębiorstw, wykorzystujemy oszczędności na uiszczanie opłat dla naszych uczniów, oszczędzanie pomaga nam w dostępie do urządzeń sanitarnych, aby utrzymać nas w zdrowiu do produkcji. Oszczędzanie pomaga nam w zakupie przedmiotów gospodarstwa domowego, takich jak rower, radio, materac, łóżka, krzesła, stoły, artykuły do gotowania, jedzenie itp. istnieją jednak tradycyjne i naturalne wydarzenia takie jak wesela, pogrzeby itp. gdzie również wydajemy nasze oszczędności. Ale niewiele jest osób, które wykorzystują swoje oszczędności na zakup napojów i inne luksusowe zajęcia. Nie zachęcamy do tego, ponieważ czyni to ich jeszcze biedniejszymi w porównaniu z tymi, którzy korzystają z oszczędności na działalności zarobkowej.

W badaniu stwierdzono, że priorytetyzacja jest jednym z czynników powodujących różnice w poziomie ubóstwa wśród gospodarstw domowych. Istnieją gospodarstwa domowe zamieniające się na dobre i złe w tym sensie, że podejmują działania z pobudek niemających na celu uzyskania środków do życia, pozostawiając za sobą motywy oszczędzające środki do życia. Badanie wykazało jednak, że gospodarstwa domowe na obszarach wiejskich oszczędzają bardzo niewiele, ponieważ oszczędności te są zbyt małe, aby wpłynąć na ubóstwo zarówno w wymiarze społecznym, jak i gospodarczym. Wyjaśnia to chroniczne skrajne ubóstwo na obszarach wiejskich pomimo oszczędności gospodarstw domowych.

5.2.7 Hipoteza II: Gospodarstwa domowe na wsi nie wyłączają motywów oszczędnościowych

Z badania tego wynika, że tylko 15,9 proc. respondentów było gotowych do częstej zmiany motywów oszczędzania. Jednak o ile 37,2 proc. respondentów stwierdziło, że rzadko będzie zmieniać swoje motywy oszczędzania, o tyle 45,7 proc. z nich stwierdziło, że nigdy nie będzie próbowało zmieniać pierwotnych motywów.

Hipoteza, że mieszkańcy wsi nie wyłączają motywów oszczędzania jest testowana za pomocą statystyki chi-square przy użyciu aplikacji SPSS w wersji 16.0. Wynik badania *p=0,000; Chi - kwadrat* 115,553; całkowita liczba respondentów 800; zaobserwowano 370; oczekiwano 266,7; a resztki 103,3 potwierdzają hipotezę zerową, która oznacza, że mieszkańcy wsi są zgodni z motywami swoich oszczędności. Wynik ten jest uzasadniony rodzajem motywów oszczędnościowych respondentów ujawnionych w wynikach badania, które są motywami utrzymania. Oznacza to, że mieszkańcy wsi wybierają tak ważne motywy ratowania, że biorąc pod uwagę znaczenie potrzeb ratowania mieszkańców wsi, niełatwo jest próbować je zmienić. Przykładowo, gospodarstwo domowe, które zaoszczędziło pieniądze na wsparcie edukacji swoich dzieci, nie może zmienić tego motywu na wykorzystanie tych oszczędności do celów rozrywkowych, np. na przyjęcie urodzinowe.

5.2.8 Inne ustalenia

Wyniki pokazują, Ïe ludnoĞü wiejską interesuje równieĪ siĊ emeryturą lub kiedy jest bardzo stara, a wiĊc zatrzymuje pieniądze do wykorzystania w przyszáoĞci, kiedy nie prowadzi juĪ dziaáalnoĞci gospodarczej i/lub na rynku pracy. Argumentuje się tu jednak, że trywialne instytucje finansowe na obszarach wiejskich stwarzają pewne wyzwania. Na przykład gospodarstwom domowym, zwłaszcza dwudziestolatkom, trudno jest utrzymać pieniądze w domu przez wiele lat do czasu przejścia na emeryturę w wieku 60 lat.

85 procent respondentów praktykuje model cyklu życia, który oznacza, że odkłada bieżącą konsumpcję na później, oszczędzając część dochodu na różne czynności życiowe, w tym łagodzenie skutków konsumpcji, prowadzenie działalności gospodarczej, zakup dóbr trwałego użytku, przejście na emeryturę itp. ponieważ rynki finansowe i ubezpieczeniowe nie są dobrze ugruntowane na obszarach wiejskich Tanzanii, dlatego też wynik ten jest zgodny z teorią cyklu życia, zgodnie z którą w przypadku braku usług finansowych, systemów socjalnych i usług ubezpieczeniowych gospodarstwa domowe mają tendencję do utrzymywania oszczędności do wykorzystania po przejściu na emeryturę w celu utrzymania poziomu konsumpcji.

Dyskusja w grupie fokusowej: Motyw przejścia na emeryturę

Większość dyskusji w grupach fokusowych zgadza się, że chociaż biednemu człowiekowi trudno jest utrzymać pieniądze do emerytury, ponieważ z jednej strony nie ma instytucji finansowych, które mogłyby utrzymać je do emerytury, a z drugiej strony, gdy nieprzewidziane zdarzenia, takie jak choroba, kradzież, śmierć itp. gospodarstwa domowe najczęściej wydają wszystkie oszczędności.

Mówią, że uważamy, iż dobrze jest zatrzymać pieniądze na starość, kiedy nie jesteśmy w stanie prowadzić działalności rolniczej i nie możemy pracować za pensję lub wynagrodzenie. Tradycyjnie, w większości przypadków jesteśmy zależni od naszych dzieci w podeszłym wieku, ale to czasami nie działa, ponieważ dzieci mogą być tak biedne, że nie mogą wiele pomóc; niektóre mogą nie mieć dzieci w ogóle, dzieci mogą przebywać daleko, co sprawia, że wysyłanie przekazów pieniężnych staje się trudne, zwłaszcza w przeszłości, kiedy nie otrzymywaliśmy pieniędzy przez telefony komórkowe, tak jak dzisiaj otrzymujemy przekazy od naszych dzieci w miastach i diasporze przez sieci komórkowe, takie jak M-Pesa (VODACOM), Tigopesa (TIGO), Airtel Money (AIRTEL), HALOTEL itp.

Wyniki pokazują również, że gospodarstwa domowe najczęściej wykorzystują połączenie oszczędności i dochodów do dokonywania zakupów. Sytuacja ta oznacza, że gospodarstwa domowe znajdują się w ciągłym ograniczeniu finansowym, w związku z czym w wielu przypadkach potrzebują dodatkowych środków finansowych, aby dokonać dużych zakupów. Podobnie, ubóstwo na obszarach wiejskich może być przyczyną niewielkich oszczędności, ponieważ słaby transport i infrastruktura przyczyniają się do wysokich cen, wpływając tym samym na przystępność cenową wiejskich gospodarstw domowych. Ponadto, wyniki pokazują, że zarówno mężczyźni, jak i kobiety wykorzystują oszczędności i dochody nieoszczędnościowe do zakupu aktywów. Osoby starsze korzystają głównie z oszczędności i dochodów pozaoszczędnościowych, aby kupić aktywa, a nie młode, co oznacza, że osoby starsze mają wystarczająco dużo gotówki zgromadzonej w czasie.

Brak umiejętności finansowych charakteryzuje wiejskie gospodarstwa domowe, gdzie 79,4 proc. respondentów nie posiada formalnych szkoleń z zakresu zarządzania finansami. Kiedy porównuje się mężczyzn do kobiet, te ostatnie są bardziej niepiśmienne. Jako młodzi ludzie w porównaniu z osobami starszymi, ci pierwsi są bardziej analfabetami, co oznacza brak doświadczenia w sprawach finansowych ze strony młodych ludzi. Może to wynikać z braku kursów z zakresu handlu, księgowości (finansów) w programach nauczania w szkołach i uczelniach.

Z badania wynika, że wiejskie gospodarstwa domowe posiadają około 30 proc. pozycji w portfelu aktywów przedstawionych w kwestionariuszu badania: radio, telewizja, motocykl, samochód, lodówka, rower, szafka, komplet sof, łóżka oraz materac, naczynia domowe i kuchenne. Zarówno niski portfel roszczeń, jak i niskie oszczędności świadczą o istnieniu ubóstwa na wsi. W związku z tym, że takie wiejskie gospodarstwa domowe mają niskie dochody, to bardzo niewiele, jeśli w ogóle, można zaoszczędzić. Chociaż zaoszczędzone kwoty nie mogą pozwolić sobie na zakup aktywów, ponieważ głównie oszczędności są wykorzystywane na zakup żywności i w celach zapobiegawczych. Brak energii elektrycznej może również zniechęcać do zakupu aktywów zasilanych energią elektryczną.

5.3 Wniosek

5.3.1 Główne ustalenia

Badania nad determinantami indywidualnego oszczędzania w wiejskiej Tanzanii ujawniają kilka faktów. Podsumowując główne wnioski z tego badania, po pierwsze, praktycznie wszystkie osoby bez względu na płeć i kategorię wiekową na obszarach wiejskich praktykują model cyklu życia zachowań oszczędzających. Dlatego też gospodarstwa domowe zachowują oszczędności do wykorzystania w przyszłości w różnych celach, takich jak wyrównywanie konsumpcji, środki ostrożności, zakup dóbr trwałych, edukacja, emerytura itp. gdy nie są już aktywne w produkcji gospodarczej.

Po drugie, mieszkańcy wsi, zwłaszcza kobiety i młode pokolenie, są stosunkowo stanowczy, jeśli chodzi o motywy oszczędzania, tak że nie mogą łatwo zmienić zaprogramowanych motywów. Po trzecie, nie ma istotnych dowodów na istnienie związku między motywami oszczędzania a cechami społeczno-ekonomicznymi w zakresie wieku, płci, stanu cywilnego, zawodu, osób pozostających na utrzymaniu, wykształcenia i dochodów osób na wsi. Wyniki pokazują mniejszy wpływ cech demograficznych na motywy oszczędzania. Wiejskie gospodarstwa domowe praktykują zarówno przekazy *międzypokoleniowe*, jak i *przekazy in vivos, przy* czym w zależności od rodzaju zapisów, wiejskie gospodarstwa domowe dokonują podziału zapisów przed i po śmierci. Wyniki badania są w dużym stopniu zgodne z kluczowymi teoriami leżącymi u podstaw i wcześniejszymi ustaleniami empirycznymi dotyczącymi zachowań w gospodarstwie domowym.

5.3.2 Konsekwencje dla polityki

Istnieją implikacje polityczne związane z głównymi ustaleniami tego badania, omówionymi powyżej. Niskie oszczędności w wiejskich gospodarstwach domowych oznaczają, że interwencje w zakresie ubóstwa są dalekie od wyciągnięcia ludności wiejskiej z chronicznego ubóstwa, ponieważ ludność wiejska nie ma wystarczających dochodów do oszczędzania. Oszczędności wykorzystywane głównie z powodów zapobiegawczych oznaczają nieodpowiednie systemy socjalne i usługi ubezpieczeniowe na obszarach wiejskich. Oznacza to, że ludność wiejska nie ma żadnej przewagi w korzystaniu z systemów socjalnych i usług ubezpieczeniowych, pozostawiając lub uwalniając oszczędności do wykorzystania w innych aspektach życia. Ludność wiejska jest analfabetą finansowym i nie posiada potencjalnych umiejętności w zakresie przedsiębiorczości, co oznacza, że polityka edukacyjna może stanąć przed wyzwaniami zarówno jakościowymi, jak i ilościowymi, ponieważ wielu respondentów posiadało wykształcenie podstawowe. Brak umiejętności w zakresie przedsiębiorczości wśród gospodarstw domowych jako taki przyczynia się do niedopasowania makroekonomicznego i mikroekonomicznego, ponieważ wydaje się, że ludność wiejska nie posiada umiejętności krytycznych pozwalających na wykorzystanie potencjału gospodarczego ze stałych wyników makroekonomicznych.

Brak instytucji finansowych na obszarach wiejskich ma wpływ na skuteczność polityki finansowej na obszarach wiejskich. Ustalenia te sugerują, że polityka finansowa na obszarach wiejskich nie była dotychczas wystarczająco skuteczna, aby wzmocnić świadczenie usług finansowych na tych obszarach. Tak więc ludność wiejska nie ma dużych możliwości dostępu do środków finansowych, które z kolei mogłyby wypełnić lukę w zakresie niskich oszczędności, zwiększając tym samym podaż środków finansowych potrzebnych do podjęcia rentownej i satysfakcjonującej działalności gospodarczej. Ponadto, tam gdzie działają instytucje finansowe, restrykcyjne warunki dostępu do środków finansowych ograniczają dostęp gospodarstw domowych na obszarach wiejskich do pożyczek i kredytów potrzebnych na materialne inwestycje na obszarach wiejskich, które mogą zmniejszyć ubóstwo.

5.3.3 Zalecenia

W oparciu o wyniki badania przedstawiono pewne zalecenia dotyczące poprawy zachowania i dobrobytu gospodarstw domowych na obszarach wiejskich, aby pomóc w wyjściu z ubóstwa.

Po pierwsze, ponieważ większość mieszkańców wsi nie posiada podstawowej wiedzy na temat zarządzania finansami (wyniki badań wskazują na 79,4 procent), zaleca się zatem zapewnienie ludności wiejskiej przedsiębiorczości i edukacji finansowej. Pomoże to ludności wiejskiej w dobrym zarządzaniu finansami, a także w wykorzystaniu oszczędności na działalności z szybkim pozytywnym skutkiem. Brak edukacji finansowej i przedsiębiorczości może skutkować nieracjonalnym podejmowaniem decyzji, a zatem wykorzystywaniem oszczędności na działaniach, które same w *sobie nie* zmniejszają ubóstwa poprzez niewłaściwe zarządzanie i sprzeniewierzanie zaoszczędzonych pieniędzy.

Po drugie, badanie zaleca przyspieszenie wprowadzenia formalnych usług finansowych za pośrednictwem instytucji finansowych, takich jak RUSSACCOS, banki wspólnotowe i instytucje mikrofinansowe, w celu świadczenia usług finansowych dla ludności wiejskiej. Zapewni to możliwości dostępu do dodatkowych środków finansowych, pomagając gospodarstwom domowym w uzyskaniu odpowiednich środków finansowych na podjęcie działalności gospodarczej mogącej wyeliminować ubóstwo. Konwencjonalnie, brak finansowania jest czynnikiem chronicznym wpływającym na inwestycje na obszarach wiejskich, gdzie rolnicy nie mają wystarczających środków finansowych, aby móc nabyć nowoczesne środki produkcji rolnej, takie jak nasiona, nawozy, chemikalia, maszyny itp., dostęp do rynku i nowoczesne technologie; również gospodarstwa domowe nie mają środków, aby inwestować w niektóre działania pozarolnicze na obszarach wiejskich.

Po trzecie, zmiany klimatyczne i wahania pogody mają wpływ na rolnictwo wiejskie, które jest główną działalnością gospodarczą, dlatego też zaleca się wprowadzenie ubezpieczeń rolniczych na obszarach wiejskich chroniących rolników przed katastrofalnymi i śmiertelnymi naturalnymi chorobami roślin uprawnych i zwierząt gospodarskich. Konwencjonalnie usługi ubezpieczeniowe dominują na obszarach miejskich, gdzie wiejskie gospodarstwa domowe pozostają bez alternatywy wobec nieprzewidzianego ryzyka i niepewności.

Po czwarte, badacz zaleca ustanowienie systemów socjalnych, takich jak fundusze emerytalne i fundusze zabezpieczenia społecznego na obszarach wiejskich. Pomoże to wiejskim gospodarstwom domowym utrzymać konsumpcję po przejściu na emeryturę i w związku z tym wykorzystać oszczędności na inwestycjach produkcyjnych, takich jak przedsiębiorstwa rolne i pozarolnicze (sklepy, stolarstwo, krawiectwo, garncarstwo i dziewiarstwo). W przypadku braku systemów socjalnych wiejskie gospodarstwa domowe mają tendencję do utrzymywania oszczędności do wykorzystania po przejściu na emeryturę, ale kosztem promowania działalności gospodarczej w latach aktywności zawodowej przed przejściem na emeryturę.

Po piąte, podkreślenie znaczenia napisania testamentu przed śmiercią jest zalecane, aby uniknąć konfliktów społecznych, które mogą pojawić się, gdy członkowie gospodarstwa domowego nie zgadzają się na podział spadku. W badaniu stwierdzono, że transfer międzypokoleniowy jest praktykowany na obszarach wiejskich, gdzie ważne elementy gospodarcze, takie jak ziemia, dom i maszyny są zazwyczaj dostarczane po śmierci. Pisanie testamentu służy dwóm ważnym celom: (i) zmniejszeniu szans na konflikty wśród członków gospodarstwa domowego, (ii) może koniecznie uniknąć nierówności w zakresie zamożności, jeśli zapisy są sprawiedliwie rozdzielane.

Po szóste, badanie zaleca promowanie oszczędzania poprzez wprowadzenie zachęt podatkowych do oszczędzania na obszarach wiejskich. Pozwoli to z jednej strony zwiększyć zyski z oszczędności, a z drugiej strony zachęci gospodarstwa domowe do oszczędzania.

5.3.4 Proponowane obszary do dalszych badań

Pomimo swojego znaczenia, nieodpowiednie finansowanie badań naukowych jest powszechne w wielu krajach rozwijających się, w tym Tanzania. Jednakże fakt, że badania przynoszą nowe fakty i innowacje dla rozwoju społeczno-gospodarczego, naukowego i technologicznego, dlatego też badanie dotyczące uwarunkowań oszczędności gospodarstw domowych na obszarach wiejskich w Tanzanii sugeruje pewne obszary do dalszych badań.

Po pierwsze, jako jeden z motywów oszczędnościowych proponuje się dalsze badania nad zapisami, zwłaszcza nad ich podziałem i dystrybucją, w celu oceny ich wpływu na różnice w dochodach członków gospodarstw domowych i całego społeczeństwa. Tam, gdzie istnieją nierówności w podziale spadku, może to prowadzić do powstania nierówności w dochodach członków gospodarstwa domowego, tworząc w ten sposób klasy i warstwy społeczne w postaci tych, którzy je mieli, a nie mieli.

Po drugie, badanie sugeruje podjęcie dalszych badań nad czynnikami warunkującymi oszczędności w wiejskich gospodarstwach domowych po stronie podaży lub poziomu oszczędności. Jest to ważne, ponieważ ustanawia parametry, które mogą wyzwolić poziom zapisu. Podczas gdy z jednej strony poziom oszczędności określa średnią kwotę zaoszczędzoną przez wiejskie gospodarstwo domowe, z drugiej strony motywy oszczędzania określają cel oszczędzania, który był głównym punktem tego konkretnego badania. Równie ważne są jednak badania dotyczące zarówno poziomu, jak i wykorzystania oszczędności, ponieważ zaoszczędzone kwoty i wykorzystanie oszczędności mogą przyczynić się do ograniczenia ubóstwa.

Po trzecie, niniejszym proponuje się przeprowadzenie analizy porównawczej dotyczącej motywów oszczędzania między miastem a wsią. Badania porównawcze dotyczące gospodarstw domowych na obszarach wiejskich w stosunku do gospodarstw domowych w miastach wykażą różnice wynikające z wymiarów przestrzennych, kulturowych i ekonomicznych. Ustalenia wykazałyby wówczas możliwość osiągnięcia synergii i komplementarności prowadzących do wzajemnych korzyści. Zalecane są również badania porównawcze pomiędzy regionami w obrębie kraju lub kraju sąsiedniego oraz blokami regionalnymi w celu wprowadzenia innowacji, wniosków i najlepszych praktyk do przyjęcia.

REFERENCJA

Abdelkhalek, T., Arestoff, F., Freitas, N., M. and Mage, S. (2009) A Microeconometric Analysis of Households Saving Determinants in Morocco, JEL, Universite Paris. Dauphine

Agarwal, S. (2004) Real Interest Rate: Jego poziom i dynamika: Dowody z wybranych rozwijających się gospodarek: Development Planning Centre, Institute of Economic Growth Delhi-110007.

Agresti, A. (1996). Wprowadzenie do analizy danych kategorycznych. NY: John Wiley.

Ainsle, G. (1975) Specious Reward: Teoria behawioralna impulsów i kontroli impulsów. Biuletyn Psychologiczny, 82, 463-496

Angeletos, G.M., Laibson, D., Repetto, A., Tobacman, J., & Weinberg, S. (2001). Model Hyperbolic Buffer Stock: Kalibracja, symulacja i ocena empiryczna. Journal of Economic Perspectives, 15, 47-68

Attanasio, O. and Browning, M. (1995) Consumption Over the Lifecycle and Over the Business Cycle, American Economic Review, 85, 1118-1137.

Attanasio, O. i De Leire, T. (1994) IRA i House Saving Revisited: Some New Evidence, NBER Working Paper 4900.

Attanasio, O., Banks, J. Meghir, C, i Weber, G.(1999) Humps and Bumps in Lifetime Consumption , Journal of Economic and Business Statistics, 17(1):22-35.

Attanasio, O.P. (1999) Konsumpcja. Na stronie Taylor, J.B. And Woodford, M. (Eds): Handbook of Macroeconomics, Vol. 1pp. 741-812, AmsterdamElsevier.

Attanasio, O.P., i Weber, G. (1985) Czy wzrost konsumpcji jest zgodny z Optymalizacją Intertemporalną? Dowody z badania wydatków konsumpcyjnych, Journal of Political Economy, 103, 1121-57.

Aryeetey, E. i Udry, C. (1999) Saving in Sub-Saharan Africa. Explaining African Economic Growth Performance Conference Series, CID Working Paper No. 38.

Bank of Tanzania (2009) Banking Supervision Annual Report, Dar es Salaam, Bank of Tanzania

Banks, J and Tanner, S (1999) Household Saving In the UK, The Institute of Fiscal Studies, Londyn

Barthold, T. i Ito, T. (1991) Bequest Taxes and Accumulation of Household Wealth: Porównanie amerykańsko-japońskie. W Ito, T. & Kruger, A., Eds. Polityczna ekonomia reformy podatkowej. Chicago: The University of Chicago Press, Pp.235-290.

Bernheim, D. (1991) How Strong are Bequest Motives? Evidence Based on Estimates on the Demand for Annuities, Journal of Political Economy, 99, 899-927.

Besley, T., Coate, S. And Loury, G. (1994) Rotating Saving and Credit Associations, Credit Markets and Efficiency, Review of Economic Studies, Vol.61, P. 701.

Betancourt, R.R. (1971) The Normal Income Hypothesis in Chile. Journal of The American Statistical Association. Vol.66, June.

Beverly, S. and Sherraden, M. (1999) institutional determinants of saving: implications for low-income households and public policy, Journal of socio-economics, 28 457-473

Beverly, S., Sherraden, M., Cramer, R., Williams, T., Nam, Y. i Zhan, M. (2008) Determinants of Asset Holdings in McKernan and Sherraden, M. (red.), Asset Building and Low-Income Families (str. 89-152) Washington DC: Instytut Miejski Prasa

Bhalla, S.S. (1980) The Measurement of Permanent Income and Its Application to Saving, Journal of Political Economy, Vol.88, No.4.

Black, P.A., Calitz, E., Steenekamp, T.J. And Associates (2005) Public Economics, 3rd Edition, Oxford University Press.

Bollinger, L., Stover, J., i Riwa, P. (1999) The Economic Impact of AIDS in Tanzania, RTI/CEDPA,

Boring, E.I. (2010) An Empirical Analysis of Household Saving Behaviour in Uganda, Georgia State University

Borsch-Supan, A. i Essig, L (2003) Household Saving in Germany: Wyniki pierwszej analizy oszczędności, NBER, Massachusetts

Brannen, C. (2010) An Impact Study of The Village Saving and Loan Association (VSLA) Programme in Zanzibar, Tanzania. Niepublikowana praca dyplomowa, Wydział Ekonomii, Uniwersytet Wesleyan, Middletown, Connecticut

Browning, M. and Crossley, T.F. (2001) The Life Cycle Model of Consumption and Saving, Journal of Economic Perspectives, the Institute of Fiscal Studies, WP01/15, 2-29.

Browning, M. and Crossley, T.F. (2001) Unenemployment Benefit Levels and Consumption Changes, Journal of Public Economics, 80(1):1-23.

Browning, M. and Lusardi, L. (1996) Household Saving: Micro Theories and Micro Facts, Journal of Economic Literature, 34, 1797-855.

Browning, M., Deaton, A. i Irish, M.(1985) A Profitable Approach to Labour Supply and Commodity Demands Over the Life Cycle, Econometrica, 53, 503-43.

Caballero, R. (1990) Consumption Puzzles and Precautionary Saving, Journal of Monetary Economics, 25, 113-36.

Calomiris, CW. i Rajaraman, I. (1998) The Role of ROSCAs: Lumpy Durables czy Event Insurance? Journal of Development Economics, Vol.56, 1998, P.207.

Campbell, R.J. (1987) Cointegration and Test For Present Value Models. The Journal of Political Economy, JSTOR

Campabel, J. i Deaton, A. (1989): "Why Is Consumption So Smooth?", Review of Economic Studies, 56, 357-74.

Carroll, C.D. (1998) Why Do the Rich Save So Much? Dokument roboczy NBER nr 6549, 1-26.

Carroll, C. D. (1997) Buffer-Stock Saving and the Life Cycle/Permanent Income Hypothesis, Quarterly Journal of Economics, 112, 1-55.

Carroll, C. D. i Samwick, A. (1997) The Nature of Precautionary Saving, Journal Monetary Economics, 40, 41-71.

Carroll, C. D. i Summers, L. (1991) Consumption Growth Parallels Income Growth: Some New Evidence, In Bernheim, B.B. and Shoven, J.B. (Eds) National Saving and Economic Performance, Chicago University Press for NBER, Chicago, 305-43.

Carroll, C.D. (1994) How does Future Income Affect Current Consumption?, Quarterly Journal of Economics, 109:111-148.

Carroll, S.L. i Inhaber, H.(1992) How Rich Is Too Rich? Praeger Publishers, One Madison Avenue, New York, NY 10010.

Carroll, C. i Weil, D. (1994) Saving and Growth: A Reinterpretation, Carnegie-Rochester Conference Series on Public Policy, Vo.40, Pp.133-192.

Chakravarthi, C.K. and Patnaik, R.R. (1970) Income Distribution and Saving Investment Pattern of Cultivating Households. Indian Journal of Agricultural Economics, Vol. 25, No.3.

Chamberlain, G. i Wilson, C. (2000) Optimal Intertemporal Consumption under Uncertainty, Review of Economic Dynamics, 365-395.

Chowa, A.N.G., Masa, R.D. i Ansong, D. (2012) Determinants of Saving Among Low-Income Individuals in Rural Uganda: Dowody z Assets Africa. Postępy w socjologii stosowanej Vol.2, No.4, str. 280-291

Christiaensen, L, Hoffmann, V., i Sarris, A. (2006) Coffee Price Risk in Perspective Household Vulnerability among Rural Coffee Growing Stallholders In Rural. Tanzania

Christen, R., Rhyme, E. i Vogel, R. (1995) Maximizing the Outreach of Microenterprise Finance. Pojawiające się lekcje udanych programów: USAID Program and Operations Assessment Report 10 Washington, D.C. , United States Agency for International Development.

Cochrane, J.H. (1989) The Sensitivity of The Intertemporal Allocation of Consumption to Near-Rational Alternatives, American Economic Review, 79(3):319-337.

Cochrane, J.H. (1991) A Simple Test of Consumption Insurance, Journal of Political Economy, 99, 957-976.

Cole, H.L., Mailath, G.J., and Postlewaite, A. (1992) Social Norms, Saving Behavour, and Growth, Journal of Political Economy, 100(6), 1092-125.

Cox, D. (1987) Motives for Private Income Transfers, Journal of Political Economy, 95, 508-46.

Dayal-Ghulati, A. i Thimann, C. (1997) Saving in South East Asia and Latin America Compared: Searching for Policy Lessons, dokument roboczy MFW WP/97/110

Davies, J. (1981) Uncertainty, Consumption and Dissaving In Retirement, Journal of Political Economy, 89:561-577.

Dauner, I. (2004) Mobilizowanie Oszczędzania: Key Issues and Good Practices in Saving Promotion, Swiss Agency for Development and Cooperation, OSDC, luty 2004 r.

Deaton, A. S. (1991) Saving and Liquidity Constraints, Econometrica, 59, 1221-1248.

Deaton, A. S. (1989) Saving In Developing Countries: Teoria i recenzja. Obrady Dorocznej Konferencji Banku Światowego na temat Ekonomiki Rozwoju

Deaton, A. S. (1992) Understanding Consumption, Oxford, Oxford University Press.

Deaton, A. S.(1995) Growth and Saving, What Do We Know?, What Do We Need To Know? and What Might We Learn?, Waszyngton Doktorku: Departament Badań nad Polityką Banku Światowego

Deaton, A. S. (1997) The Analysis of Household Surveys, Baltimore, MD: John Hopkins University Press, Pp.80-85.

Deaton, A. S. (1999) Saving And Growth In Schmidt-Hebbel, Serven, K.,L. (Eds.) The Economics of Saving And Growth, Cambridge University Press, 33-70.

Deaton, A. and Paxson, C. (1994) Intertemporal Choice and Inequality, Journal of Political Economy, 102, 384-94.

Deaton, A. S. and Paxson,C.(2000) Growth and Saving Among Individuals and Households, Review of Economic Statistics, 82(2):212-225.

Dercon, S. (1996) Risk, Crop Choice, and Saving: Dowody z Tanzanii, Rozwój gospodarczy i zmiany kulturowe, tom 44, nr 3 (kwiecień 1996 r.), Pp.485-513, The University of Chicago

Diamond, P. and Hausman, J. (1984) Individual Retirement and Saving Behaviour, Journal of Public Economics, 23, 81-114.

Dornbusch, R. i Reynoso, A. (1989) Financial Factors in Economic Development, American Economic Review, 79(2): 204-09

Dynan, K. (1993) How Prudent Are Consumers, Journal of Political Economy, 101, 1104-13.

Dyna, K.E., Skinner, J., i Zeldes, S.P. (1994) Do the Rich Save More?, Manuskrypt, Rada Gubernatorów Systemu Rezerwy Federalnej.

D'Souza, V.S. (1981) Nierówność i jej perpetacja: A Theory of Social Stratification, New Delhi: Manohar

ECI Africa consulting (2003) Burial Stories in Republika Południowej Afryki: Historia, funkcja i zakres, przygotowane dla DGRV (Deutscher Genossenschafts-und aiffeisenverband e.V)

Edwards, S. (1996) Why Are Latin America's Saving Rates So Low? An International Comparative Analysis, Journal of Development Economics, 51, 5-44.

Ellis, K., Lemma, A. and Rud, J.P. (2010) Financial Inclusion, Household Investment and Growth in Kenya and Tanzania, Overseas Development Institute, Londyn

Epstein, L. and Zin, S. (1992) Substitution, Risk Aversion, and the Temporal Behavior of Consumption and Asset Returns: An Empirical Analysis, Journal of Political Economy, 99, 263-86.

Evans, R. And Day, Caroline (2011) Inheritance, Poverty And HIV/AIDS: Experiences Of Widows And Orphaned Youth Heading Households in Tanzania And Uganda, Chronic Poverty Research Vcnyeter, Whiteknights, UK

Fehr, H i Habermann, C. (2008) Private Retirement Saving in Germany: Struktura zachęt podatkowych i annuityzacji, Wydział Ekonomii, Uniwersytet w Wuezburgu, Wurzburg

Feldstein, M.S. (1981) The Effect of Social Security on Saving, in Currie, D., Nobay, R. and Peel, D., Eds., Macroeconomic Analysis: Essays in Macroeconomics and Econometrics (Londyn: croom helm, 1981), s. 1-23; komitet ds. sposobów i środków, przegląd programów uprawnień: Zielona księga z 1991 r., maj 77, 1991 r., s. 1128-29

Flavin, M. (1981) The Adjustment of Consumption to Changing Expectations About Future Income, Journal of Political Economy, 89, 974-1009.

Frederking, I.C. (2001) Is There An Endogeneous Relationship between Culture and Economic Development? Journal of Economic Behaviour and Organization. Vol.46 Pp. 105-126

Friedman, M.A. (1957). A Teoria funkcji konsumpcyjnej. NBER, prasa uniwersytecka Princeton

Friedman, M.A. (1960). Windfall Income and Consumption; Response. In Friend, I. And Jones, J.(Eds), Consumption And Saving, Vol.2, University of Pennsylvania Press.

Friedman, M.A. (1963) Windfalls, the "Horizon", and Related Concepts in the Permanent Income Hypothesis. W Chrystusie, C. Et Al. (Eds) Measurement in Economics, Stanford University Press.

FSDT (2006) FinScope Krajowe badanie dotyczące dostępu do usług finansowych i popytu na nie w zakresie Tanzania, FinScope E-book dostępny na stronie internetowej:
http://www.fsdt.or.tz/images/uploads/english-finscope2006.pdf

Fukuyama, F. (2001) Kultura i rozwój gospodarczy: Kwestie kulturowe. Dostępny na stronie internetowej: www.sais-jhu.edu/faculty/fukuyama/articles/isb505010

Gale, W. And Sabelhaus, J. (1999) Perspectives on The Household Saving Rate, Brookings Paper on Economic Activity, 1:181-214.

Gali, J. (1990) Finite Horizon, Life Cycle Saving and Time Series Evidence on Consumption, Journal of Monetary Economics, 26, 433-52.

Garson, G.D. (2008) Logistic Regression: http:// www2.chass.ncsu.edu/garson/ pa765/ logistic .htm

Gersovitz, M. (1988) Saving and Development. W Srinivasan, T.N Handbook of Development Economics, Vol. 1. Elsevier Science Publishers

Giovannini, A. (1985) Saving and The Real Interest Rate In LDCs, Journal of Development Economics. Vol.18: 197-217

Granato, J., Inglehart, R. i Lablang, D. (1996) The Effect of Cultural Values on Economic Development: Teoria, Hipoteza i Próby. American Journal of Political Science. Vol. 40, No. 3: 607-31

Gourinchas, P. and Parker, J, (1999) Consumption over the Life Cycle, NBER Working Paper 7271.

Green, C., Mgaramo, K., Weeks, K., Laizer, D., Mwakasaka, I., Maziku, L., i Salerno, R. (2012) Household Saving: Przyczynianie się do wyników oceny ekonomicznej gospodarstw domowych w ośmiu regionach Tanzanii, która nie ogranicza się tylko do kwestii bezpieczeństwa finansowego: Dar es Salaam, Dodomalringa, Mbeya, Morogoro, Mwanza i Singida.

Green, E.(1987) Lending and The Smoothing of Uninsurable Income, In: Prescott, E. i Wallace, N. (Eds) Contractual Arrangements for Intertemporal Trade, University of Minnesota Prasa, 3-25.

Gruber, J. (1997) The Consumption Smoothing Benefits Of Unemployment Insurance, American Economic Review, 87(1):192-205.

Gruber, J. i Dynarski, S.(1997) Czy rodziny mogą wygładzać zmienne zarobki? Brookings Papers on Economic Activity, 0(1):229-84.

Gugerty, M.K. (2005) You Can't Save Alone: Commitment in Rotating Saving and Credit Associations in Kenya, University of Washington, Seattle Washington

Guiso, L., Jappelli, T. i Terlizzese, D. (1992) Earnings Uncertainty and Precautionary Saving, Journal of Monetary Economics, 30, 307-37.

Gupta, K.L. (1970) Personal Saving in Developing Nations, Further Evidence. Rekord gospodarczy , czerwiec

Gustman, A. i Steinmeier, T.(1999) Effects of Pensions on Saving: Analysis With Data From The Health and Retirement Study, Carnegie-Rochester Conference Series On Public Policy, 50:271-324.

Haliassos, M. i Bertaut, C. (1995) Why Do So Few Hold Stocks?, Economic Journal, 105, 1110-29.

Hall, R. (1978) Stochastyczne implikacje cyklu życia - hipoteza stałego dochodu: Theory and Evidence, Journal of Political Economy, 86, 971-987.

Hall, R. (1988) Intertemporal Substitution in Consumption, Journal of Political Economy, 86, 971-87.

Hansen, L. and Singleton, K. (1983) Consumption, Risk Aversion and the Temporal Behaviour of Stock Market Returns, Journal of Political Economy, 91, 249-265.

Harrod, R.F. (1948) Towards a Dynamic Economics, Londyn

Hayashi, F. (1997) Understanding Saving. Cambridge: MIT Press

Hayashi, F. (1982) The Permanent Income Hypothesis: Estimation and Testing By Instrumental Variables, Journal of Political Economy, 90, 895-916.

Hayashi, F. (1985) The Permanent Income Hypothesis and Consumption Durability: Analysis Based On Japanese Panel Data, Quarterly Journal of Economics, 100, 1083-113.

Hayashi, F. (1995) Is The Japanese Extended Family Altruistically Linked? A Test Based on Engel Curves, Journal of Political Economy, Vol.103, No.3 (July), Pp. 661-674

Hayashi, F., Altonji, J. i Kotlikoff, L. (1996) Risk Sharing between and Within Families, Econometrica, 64, 261-94.

Heckman,J.(1974) Life Cycle Consumption and Labour Supply an Explanation of The Relationship between Income and Consumption Over the Life Cycle, American Economic Review 64:188-194.

Heilman, B. and Lucas, J. (1997) "A Social Movement for African Capitalism" A Comparison of Business Associations in Two African Cities, African Studies Review 40, 1: 141-73.

Helms, B. (2006) Access for All: Building Inclusive Financial Systems. Bank Światowy, Waszyngton, D.C. USA.

Hisrich, R.D. and Peters, M.P. (2002) Entrepreneurship, Tata Mcgraw-Hill Publishing Company Limited, New Delhi, 3-362

Horioka, C.Y. (1990) Why Is Japan's Saving So High? Ankieta literaturowa. Journal of The Japanese And International Economies, 4, 49-92.

Horioka, C.Y. (1993) Saving in Japonia. W Heertje, A., Ed. World Saving: Międzynarodowa ankieta. Oksford: Blackwell

Horioka, C.Y. (2002) "Are the Japanese Selfish, Altruistic, or Dynastic?" Japoński Przegląd Gospodarczy, tom 53, nr 1(marzec) s. 26-54

Horioka, C.Y. (2009) Do Bequests Increase or Decrease Wealth Inequalities? Krajowe Biuro Badań Gospodarczych, NEBR Dokument roboczy 14639

Horioka, C.Y., Fujisaki, H., Watanabe, W. i Kouno, K. (2000) "Czy Amerykanie są bardziej altruistyczni niż Japończycy? A U.S.-Japan Comparison Of Saving and Bequest Motives," International Economic Journal, Vol.14, No.1 (Spring), Pp.1-31.

Horioka, C. Y. i Watanabe, W. (1997) Why Do People Save? Mikroanaliza motywów oszczędzania w gospodarstwie domowym Japonia. Dziennik gospodarczy, 107, 537-552

Hosmer, D i Lemeshow, S. (1989, 2000). Zastosowana regresja logistyczna. Wydanie drugie, 2000. NY: Wiley & Sons.

Hubbard, G., Skinner, J. and Zeldes, S. (1994) The Importance of Precautionary Motives In Explaining Individual and Aggregate Saving, Carnegie Rochester Seria o polityce publicznej, Ed. Meltzer, A.H. i Plosser, C.I. Vol. 40, Pp. 59-125.

Hubbard, G., Skinner, J. and Zeldes, S. (1995) Precautionary Saving and Social Insurance, Journal of Political Economy, 103, 360-99.

Hurd, M.D. (1987) Saving of the Elderly and Desired Bequests, American Economic Review, 77, 298-312.

Hurd, M.D. (1989) Mortality Risks and Bequests, Econometrica, 57, 779-813.

Hurd, M.D.(1986) Saving and Bequests, NBER Working Paper No. 1708.

Międzynarodowy Fundusz Rozwoju Rolnictwa (2009) Wysyłanie pieniędzy do domu w Afryce: Rynki przekazów pieniężnych, sprzyjające otoczenie i perspektywy, Rzym

MFW (1995) Saving in Growing World Economy. IMF World Economic Outlook, maj

Ingham, B. (2000) Human Behaviour and Long-Run Change, African Philosophy. Vol. 13, No.1 Pp.33-48

Jappelli, T. (2005) The Life-Cycle Hypothesis, Fiscal Policy, And Social Security, Working Paper No. 14.

Jevons, W.S. (1965) Theory of Political Economy (5. edycja) London: Macmillan

Jutting, J. (1999) Strengthening Social Security Systems in Rural Areas of Developing Countries, Zentrum Fur Entwickl.Ungsforschung, Universitat Bonn, Discussion Paper 9.

Kamuzora, C.L., Mkanta, W. (2000) Poverty and Householdd/Family Size in Tanzania: Multiple Responses to Population Pressure, REPOA Research Report No.000.4, REPOA, Dar es Salaam

Kantor, S. and Fishback, P. (1996) Precautionary Saving, Insurance, and the Original of Workers' Compensation, Journal of Political Economy, 104, 419-42.

Kaplow, L. (2010) Target Saving and Labour Supply, National Bureau of Economic Research, NBER Working Paper 15656.

Katona, G. (1980) Essays on Behavioral Economics. Ann Arbor: Instytut Badań Społecznych, Uniwersytet Michigan.

Katona, G. (1975) Psychologiczna ekonomia. Nowy Jork: Elsevier

Katona, G. (1960) The Powerful Consumer, Nowy Jork, McGraw-Hill.

Kelley, A. i Williamson, J. (1968) House Saving Behaviour in Developing Economies: The Indonesian Case, Economic Development and Cultural Change, Vol.16:385-403.

Kennickell, A.B. (1995) Saving and Permanent Income, Finance and Economics Discussion Series 95-41, Board of Governors of the Federal Reserve System.

Kessy, F., Mashindano, O., Rweyemamu, D., i Charle, P. (2011) Poverty Escape Routes in Central Tanzania: Coping Strategies In Singida and Dodoma Regions, Vol III, ESRF Discussion paper No.40, ESRF, Dar es salaam

Kibet, L.K., Mutai, B.K., Ouma, D.E., Ouma, S.A. i Owuor, G. (2009) Determinants of Household Saving: Case Study of Smallholder Farmers, Entrepreneurs and Teachers in Rural Areas of Kenya, Journal of Development and Agricultural Economics Vol. 1(7), Pp.137-143.

Kimball, M. (1990) Precautionary Saving in The Small and in the Large, Econometrica, 58, 53-73.

King, M. and Dycks, M., L. (1982) Asset Holdings and the Life Cycle, Economic Journal, 92, 247-67.

Kitamura, Y., Takayama, N. i Arita, F. (2001) Household Saving in Japan Revisited, University of Venice, Research in Economics (2001) 55, 135-153

Kotlikoff, L. (1988) Intergenerational Transfers and Saving, Journal of Econometric Perspectives, 2, 41-58.

Kotlikoff, L.J. and Summers, L.H. (1981) The Role of Intergenerational Transfers In Aggregate Capital Accumulation, Journal of Political Economy, Vol. 89, No.4 (August), Pp. 706-732.

Kraay, A. (2000) Household Saving in China, World Bank Economic Review, Vol.14, No.3

Krueger, D. (2001) Consumption and Saving: Teoria i dowody, Uniwersytet Stanforda, 15-100.

Laibson, D., (1997) Golden eggs and hyperbolic discounting. The Quarterly Journal of Economics, 112, 443-477.

Lavoie, M. (1994) A Post Keynesian Approach to Consumer Choice, Journal of Post Keynesian Economics, Summer, 16(4)

Levenson, A.R. And Besley, T. (1996) The Anatomy of an Informal Financial Market: Udział ROSCA w Tajwan, Journal of Development Economics, Vol. 51 P. 45.

Lundberg, M., Over, M., i Mujinja, P. (2003) Do Saving Predict Death? Oszczędzanie zapobiegawcze podczas epidemii, Bank Światowy

Lwoga, C., Maximabali, F., Rutherford, S., Mutesasira, L., Safe, S., Gogadi, B., Mukami, N., Seiya, G., Maeda, S,. Oraz Tairo, J.N. (1999) Use and Impact of Saving Services Among the Poor in Tanzania, Mikrosawa

Masson, A. (1988) Saving, Economic Growth and Demographic Change. Population and Development Review, Vol.14, No1.1:113-144.

Masson, P., Bayoumi, J. i Samiei, H (1998) International Evidence on The Determinants of Private Saving, The World Bank Economic Review, September.

Marshall, A. (1961) Principles of Economics: and Introductory Volume (9th ed) London: Macmillan

Mchomvu, A.S.T., Tungaraza, F.S.K. i Maghimbi, S (2002) Social Security Systems in Tanzania, Journal of Social Development In Africa.

Michael, I. (2008) Consumption and Saving Pattern of Micro, Small, and Medium Enterprises: Studium przypadku terminalu autobusowego Ubungo w Dare Salaam, The Open University of Tanzania, niepublikowana praca magisterska z ekonomii, 1-55

Mikesell, R. And Zinser, J. (1973) The Nature of the Saving Function in Developing Countries: A Survey of the The Theoretical and Empirical Literature, Journal of Economic Literature, Vol.11, No.1.

Mile, D. i Scott, A. (2004) Macroeconomic, Anglia, Wydawnictwo Wiley

Mirach, T.H. i Hailu, Y.M. (2014) Determinants of Household Saving in Ethiopia: A Case of North Gondar Zone, Amhara Regional State, International Journal of Development and Economic Sustainability, Vol.2, No.4 pp37-49, UK.

Hussein, N., Kajiba, J. (2011) Interhold Private Income Transfers and Poverty In Tanzania, ESRF Discussion Paper No.34, ESRF, Dar Es Salaam

Modigliani, F. (1986) Life Cycle, Individual Thrift, and the Wealth of Nations, American Economic Review, str. 76,297-313.

Modigliani, F. (1988) The Role of Intergenerational Transfers and Life Cycle Saving In The Accumulation of Wealth, Journal of Economic Perspectives, 2, 15-40.

Modigliani, F. i Ando, A. (1963) The Life-Cycle Hypothesis of Saving: Aggregate Implications And Tests, American Economic Review, Vol. 53 Pp.55-84

Modigliani, F. i Brumberg, R. (1954) Utility Analysis and The Consumption Function: An Interpretation of Cross Sectional Data, In Kurihara, K., (Ed.) Post Keynesian Economics, Rutgers UP, New Brunswick, NJ, 388-436.

Modigliani, F. i Cao, L. (2004) The Chinese Saving Puzzle and The Life-Cycle Hypothesis.

Morris, M., Butterworth, J., Lamboll, R., Lazaro, E., Maganga, F., i Marsland, N. (2002) Understanding Household Coping Strategies in Semi-Arid Tanzania: Załącznik 1, Strategie utrzymania gospodarstw domowych w okresie przejściowym Tanzania: Synteza ustaleń. Program Systemów Zarządzania Zasobami Naturalnymi Końcowe sprawozdanie techniczne dotyczące projektu badawczego R7805 finansowanego przez Komisję Europejską. WIELKA BRYTANIA Departament Rozwoju Międzynarodowego (DFID)

Mullainathan, S., and Thaler, R. (2000) Behavioural Economics, Cambridge, mgr: National Bureau of Economic Research.

Muradoglu, G. and Taskin, F. (1996) Difference in Households Saving Behaviour: Dowody z krajów uprzemysłowionych i rozwijających się. The Developing Economies, Vol. 34, No.2

Musgrove, P. (1978) Determinants of Urban Household Consumption in Latin America: A Summary of Evidence from ECIEL Surveys, Economic Development and Cultural Changes, Vol. 26, No. 3, pp.441-466.

Mwega, F. (1997) Saving In Sub-Saharan Africa: A Comparative Analysis, Journal of African Economies, 6(3) (Supplement), 199-228.

NBS (2014) Houssehold Budget Survey Main Report 2011/2012, Ministry of Finance, Dar es Salaam, s. 4-201.

Nga, M. T. (2007) An Investigative Analysis Into The Saving Bied Households in Developing Countries: Ze szczególnym uwzględnieniem Republiki Południowej Afryki, nieopublikowana praca magisterska na Wydziale Ekonomii Uniwersytetu im. Przylądek Zachodni

Nigus, H.Y., (2015) Determinants of Household Saving in Gedeo Zone, Southern Ethiopia, Journal of Economics and Sustainable Development, Vol.6, No.7.

Ogaki, M., Ostry, J. i Reinhart, C.M. (1996) Saving Behaviour in Low and Middle Income Developing Countries: A Comparison International Monetary Fund Sta. Papers, Vol. 43, No.1

Olander, F., i Seipel, C.M. (1970) Psychological Approaches to the Study of Saving (Studies in Consumer Savings No.7) Urbana-Champaign, IL: Bereau of Economic and Business Research, University of Illinois

Ohtake, F. (1991) Bequest Motives of Aged Households in Japonia. Ricerche Economiche, 45, 283-306

Precious, C. i Asrat, T. (2014) Determinants of Household Savings in South Africa: An Econometric Approach (1990-2011), Mediterranean Journal of Social Sciences MCSER Publishing, Rome, Italy, Vol.5, No.15.

Ravi, S. (2006) Uncertainty and Saving Decision, Indian School of Business

Robinson, M. (2001) Saving and the New Microfinance in the Microfinance Revolution, World Bank, Washington DC.

Rosenberg, R. (1994) Beyond Self-Sufficiency: Licensed Leverage and Microfinance Strategy, USAID, Waszyngton, D.C.

Rossi, N. (1988) Government Spending, The Real Interest Rate And Behaviour of Liquidity-Constrained Consumers in Developing Counties, IMF Staff Paper, Vol. 35, No. 1: 104-140.

Rutherford, S. (2000) The Poor and their Money, New Delhi: Oxford University Press

Salam, A. i Kulsum, U. (2001) Saving Behaviour in India: An Empirical Study, Wydział Ekonomii, AMU, Aligarh

Samuelson, P. i Nordhaus, W. (1995) Economics. Fifteenth edition, McGraw-Hill, Inc.

Sand, R. (2002) The Propensity to Consume Income from Different Sources and Implications for Saving: Aplikacja dla norweskich gospodarstw rolnych, Instytut Badawczy Nord Trondelag

Schmidt-Hebbel, K., Webb, S. and Corsetti, G. (1992) Household Saving In Developing Countries: First Cross-Country Evidence, World Bank Economic Review, Vol.6, No.3.

Shefrin, H.M. and Thaler, R.H. (1988) The Behavioural Life-Cycle Hypotheses. Badanie gospodarcze, 26, 609-643

Sherraden, M. (1991) Assets and the poor: a new American welfare policy. Armonk, N.Y.: M.E. Sharpe, Inc.

Sherraden, M., i Barr, M. (2005) Instytucje i włączenie do polityki oszczędnościowej. In Retsimas and Belsky, E. (Eds), Building assets, building credit: creating wealth in low-income communities (pp. 286-315) Washngton DC: brookings Institution Press

Sherraden, M., Schreiner, M., and Beverly, S. (2003) Income, Institutions, and Saving Performance In Individual Development Accounts, Economic Development Quarterly, 17, 95-112

Ssemakula, M. (2007) Saving Promotion Radio Programs, Chemonics International Inc.

Stiglitz, J.E. (1993) Principles of Microeconomics, W.W. Norton & Company, Inc. Uniwersytet Stanforda, 10-641.

Takayama, N. i Kimatura, Y. (1994) Household Saving Behaviour in Japonia. W Poterba, J.M., Ed. Międzynarodowe porównania oszczędności w gospodarstwach domowych. Chicago: The University of Chicago Press, Pp.125-167.

Teshome, G., Kassa, B., Emana, B. i Haji, J. (2013) Determinants of Rural Household Savings in Ethiopia: The Case of East Hararghe Zone, Oromia Regional State, Journal of Economics and Sustainable Development, Vo.4, No.3.

Thaler, R. (1990) Anomalie: Oszczędność, zamienność i konta mentalne, Journal of Economic Perspectives, 4(1):195-205.

Thaler, R. H. (1981) Some Empirical Evidence On Dynamic Inconsistency, Economic Letters, 8, 201-207.

Thompson, H.(2001) Culture and Economic Development: Modernizacja w kierunku globalizacji, teorii i nauki.
Dostępne online: www.theoryandscience.icaap.org/content/vol1002/thompson.html

Upender, M. and Reddy, N.L. (2007) Saving Behaviour in the Indian Economy International Journal of Applied Econometrics and Quantitative Studies Vol.4-1.

United Republic of Tanzania (2002) Small and Medium Enterprises Policy, Dar es Salaam, Ministerstwo Przemysłu, Handlu i Marketingu, Drukarnia Rządowa

Unny, C.J. (2001) Determinants of Saving of Rural Households in Kerala, Christ College, Irinjalakuda, Thrissur, Kerala

Van Den Brink, R. and Chavas, J. (1997) The Microeconomics of An Indigenous African Institution: The Rotating Saving And Credit Association, Economic Development And Cultural Change, Vol. 45, No. 4 P.745.

Viard, A. (1993) The Productivity Slowdown And The Saving Shortfall: Wyzwanie dla Hipotezy Stałego Dochodu. Badanie ekonomiczne. Vol. 31p.549-63.

Wakabayashi, M. and MacKellar, L (1999) Demographic Trends and Household Saving in China, IIASA, Laxenburg, Austria.

Waweru, K.M. (2011) Dochodzenie w sprawie wyzwań związanych z zarządzaniem bilansem pieniężnym w spółdzielniach oszczędnościowo-kredytowych (SACCOS) w Nakuru County, Kenia, School of Business and Public Management, Mount Kenya University.

Weber, M. (1967) Klasa, status i partia. W Bendix, R. and Lipset, S.M. (Eds), Class Status and Power: Social Stratification Comparative Perspective (str. 21-28). London Routledge i Kegan Paul

Weber, M. (1930) The Protestant Ethic and The Spirit of Capitalism. Tłumaczone przez Talcotta Parsonsa, Londyn, Allen & Unwin

Wei, S. (2009) The Global Economic Implications of China's Sex Ratio Imbalance, Columbia University Graduate School of Business & School of International and Public Affairs.

Weil, N. (1994) The Saving of The Elderly in Micro and Macro Data. The Quarterly Journal of Economics 109(1) 55-81

Werring, F.B. (2011) Saving By Borrowing? Motywy przystąpienia do Tanzańskiej Organizacji Mikrokredytowej, Niepublikowany Magister Filozofii Ekonomicznej, Wydział Ekonomii, Universitetet I Oslo

Wolfe, J. (2009) Household Economic Strengthening in Tanzania, Program PEPFAR II

Wolff, E.N. (1981) Accumulation of Household Wealth over the Life Cycle: Analiza mikrodanych. Review of Income and Wealth, 27(1), 75-96.

Bank Światowy (1993) The East Asian Miracle: Economic Growth and Public Policy. A World Bank Policy Research Report, Nowy Jork: Oxford University Press

Wright, G.A. (2001) Two Perspectives on Saving Services, MicroSave-Africa Briefing Note # 12

Zeldes, S. (1989) Consumption and Liquidity Constraints: An Empirical Investigation, Journal of Political Economy, 97, 305-46.

DODATKI

Załącznik 1: Kwestionariusz ankiety

Drogi szacowny respondencie,

Jestem studentką realizującą program doktorancki na The Open University of Tanzania. Statut i regulamin uczelni wymaga podjęcia pogłębionych badań naukowych dla tego programu. Obecnie zbieram dane terenowe związane z badaniem dotyczącym uwarunkowań ratowania gospodarstw domowych na obszarach wiejskich w Tanzanii, dlatego też prosi się państwa o czucie się swobodnie i przedstawianie szczerych i uczciwych poglądów bez obawy przed prześladowaniem lub ujawnieniem. Zebrane informacje będą traktowane jako poufne

Dziękuję za miłą współpracę.

Data ....

W Villag....................e Ward...

Region.................... okręgowy................................ .

A. Informacje ogólne

1. Płeć respondenta........................mężczyzna/kobieta
2. Wiek respondenta........................(lata)
3. Poziom wykształcenia/szkolenia...

4. Stan cywilny: żonaty/zamężna/samotna/wdowa/rozwód/rozwód w separacji
5. Liczba osób pozostających na utrzymaniu..
6. Zawód respondenta: Gospodarstwo rolne, zatrudnienie, działalność poza gospodarstwem
7. Miesięczne oszacowanie dochodów...

B. Informacje o oszczędzaniu motywów

1. Oszczędzasz?...tak/nie; jeśli tak, to od jak dawna oszczędzasz?............ (lata)
2. Gdzie trzymasz swoje oszczędności?
   a. Dom; dlaczego...
   b. Bank; dlaczego...
   c. SACCOS; dlaczego...
   d. Inni określają...................................
      ...dlaczego........................

3. Uszereguj motywy oszczędnościowe w poniższej tabeli według priorytetu

Nie	Motyw oszczędzania	Ranking
1	Motyw przejścia na emeryturę	
2	Motyw dodatkowych kosztów utrzymania	
3	Choroba lub motyw katastrofy	
4	Motyw edukacyjny	
5	Motyw małżeństwa	
6	Motyw domu i ziemi	
7	Aktywa /motywacja towarów trwałego użytku	
8	Motyw rekreacyjny	
9	Podatki / motyw pożyczki	
10	Motyw biznesowy	
11	Brak konkretnego motywu	
12	Pobudka spadkowa	
13	Inni	

4. Jaki model zachowania jest dla Ciebie najbardziej odpowiedni pod względem oszczędzania?
   a. Gładka konsumpcja, aktywa, emerytura (model cyklu życia)
   b. Oszczędzanie w celu utrzymania nazwiska i firmy (model dynastyczny)
   c. Dawanie oszczędności ludziom w potrzebie (model altruizmu)

5. Kto jest brany pod uwagę przy zapisach?

Nie	Odbiorca(-y) zapisów	Transfery międzypokoleniowe (pozycje)	Przesunięcia między żywymi organizmami (pozycje)
1	wszystkie dzieci		
2	pierworodny lub dziecko, które przyjmie nazwisko/nazwisko rodowe		
3	tylko dzieci bliskie/żyjące i/lub udzielające wsparcia rodzicom		
4	członkowie rozszerzonej rodziny (krewni)		
5	każda osoba (osoby) mieszkająca z rodzicami innymi niż dzieci i członkowie rozszerzonej rodziny (krewni)		
6	osoby potrzebujące pomocy, np. chorzy, niepełnosprawni, wdowy, sieroty itp.		
7	instytucje/organizacje (publiczne lub prywatne)		
8	Inne (określić)		

6. gdy spadki są rozdzielane

Nie	Zapis	Jeszcze za życia	Po śmierci
1	Wsparcie społeczne, np. edukacja, leczenie, jedzenie, małżeństwo		
2	Wsparcie ekonomiczne, np. kapitał,		
3	Aktywa: dom, artykuły gospodarstwa domowego, samochód itp.		
4	Istniejące inwestycje, np. sklep,		
5	Pomoc finansowa / pomoc udzielana osobom nie będącym członkami rodziny		
6	Inne (określić)		

7. Który element otrzymuje pierwszeństwo przy zapisywaniu?
   a. Rozrywka
   b. środki produkcji rolnej/inwestycje w przedsiębiorstwa
   c. majątek domowy
   d. Edukacja
   e. inni (określić)...
8. Jak często zmieniasz swoje motywy oszczędzania?
   a. Nigdy
   b. rzadko

c. Nierzadko

9. Portfel aktywów gospodarstw domowych

Nie	**Aktywa**	**Źródło finansowania zakupów: 1-oszczędność, 2-oszczędność, 3-obszary 1 i 2**
1	Radio	
2	Telewizja	
3	Motocykl	
4	Samochód	
5	Chłodziarka	
6	Rower	
7	Szafka	
8	Miejsca do siedzenia w kanapie	
9	Łóżko	
10	Materac	
11	Dom	
12	Narzędzia kuchenne i jadalne	

10. Wiedza z zakresu zarządzania finansami

a. Wysoki

b. Medium

c. Niski poziom

d. żaden

Dodatek 2: Format dyskusji w grupach fokusowych

Werbalna zgoda na udział w grupie fokusowej:

Zostałeś poproszony o udział w dyskusji w grupie fokusowej. Celem tej dyskusji jest zrozumienie zachowań oszczędnościowych gospodarstw domowych na obszarach wiejskich w Tanzanii, które są moimi studiami akademickimi. Wygenerowana wiedza może być wykorzystana przez różne zainteresowane strony w celu osiągnięcia dobrych wyników końcowych. Możesz wybrać, czy chcesz wziąć udział w grupie fokusowej, czy nie i w każdej chwili możesz się zatrzymać. Wszystkie odpowiedzi pozostaną anonimowe i w sprawozdaniu nie będą wymieniane żadne nazwiska. Na te pytania nie ma dobrych i złych odpowiedzi. Chcę usłyszeć wiele różnych punktów widzenia i chciałbym usłyszeć od wszystkich. Prosimy, abyś czuł się swobodnie i przedstawiał szczere i uczciwe poglądy, nie obawiając się żadnych prześladowań ani ujawnień.

1. powiedz mi, jakie są powody lub sposób oszczędzania i kiedy należy je stosować?
2. Jakie są Twoje poglądy na temat zmiany powodów oszczędzania i dlaczego zmieniać motywy oszczędzania lub nie zmieniać motywów oszczędzania?
3. czy edukacja pomaga wpływać na zachowania związane z oszczędzaniem?
4. Czy oszczędzanie jest ważne na starość lub po przejściu na emeryturę?
5. w jaki sposób są rozdzielane zapisy pod względem tego, co jest zapisywane, kto otrzymuje zapisy i kiedy ma je otrzymać?
6. w jakiej formie i gdzie się oszczędza?
7. kiedy używasz oszczędzania?
8. czy ważne są motywy życiowe lub motywy cyklu życia dla ratowania?

9. Czy jest coś jeszcze, co chciałbyś powiedzieć o ratowaniu?

Dodatek 3: List wprowadzający

Isaack M. Mchumi
P.O.BOX 61689
Dar es Salaam
Mobile: 0754 843414
Email: lenatai@yahoo.com
Data: ....

Ref.: IMM/PHD/DATA/2011

....

....

Droga pani,

Re: Wniosek o pozwolenie na gromadzenie danych pierwotnych na potrzeby badań naukowych

Jestem studentem realizującym program doktorancki na The Open University of Tanzania mój numer rejestracyjny to ***HD/A/168/T.09***. W ramach moich badań przeprowadzam przekrojowe badanie dotyczące czynników wpływających na oszczędności w gospodarstwach domowych na obszarach wiejskich w Tanzanii. W związku z tym proszę o zgodę na gromadzenie danych w Państwa szacownej dzielnicy. Ponadto chciałbym przedstawić **panu Stanleyowi Melackowi** asystenta terenowego, który i ja będziemy zbierać dane.

Niniejszym oświadczam, że informacje przekazane przez respondentów będą traktowane jako poufne i zostaną wykorzystane wyłącznie w celach naukowych.

Dziękuję za zapewnienie o moim najwyższym poważaniu.

Z poważaniem,

Isaack M. Mchumi

Dodatek 4: Wyniki i tabele statystyczne

Tabela A4.1: Płeć respondenta

		Częstotliwość:	Procent	Ważna Procent	Skumulowany procent
Ważne	Mężczyzna	424	52.3	52.3	52.3
	Kobieta	386	47.7	47.7	100.0
	Razem	810	100.0	100.0	

Tabela A4.2: Grupa wiekowa respondenta

		Częstotliwość:	Procent	Ważna Procent	Skumulowany procent
Ważne		1	.1	.1	.1
	Młody	751	92.7	92.7	92.8
	stary	58	7.2	7.2	100.0
	Razem	810	100.0	100.0	

Tabela A4.3: Poziom wykształcenia respondenta

		Częstotliwość:	Procent	Ważna Procent	Skumulowany procent
Ważne		97	12.0	12.0	12.0
	Szkoła podstawowa	508	62.7	62.7	74.7
	Szkoła średnia	180	22.2	22.2	96.9
	Kolegium	25	3.1	3.1	100.0
	Razem	810	100.0	100.0	

Tabela A4.4: Stan cywilny respondenta

		Częstotliwość:	Procent	Ważna Procent	Skumulowany procent
Ważne		3	.4	.4	.4
	Żonaty	432	53.3	53.3	53.7
	Pojedynczy	293	36.2	36.2	89.9
	Wdowa	30	3.7	3.7	93.6
	Rozwiedziony	25	3.1	3.1	96.7
	Oddzielone	27	3.3	3.3	100.0
	Razem	810	100.0	100.0	

Tabela A4.5: Zawód respondenta

		Częstotliwość:	Procent	Ważna Procent	Skumulowany procent
Ważne		65	8.0	8.0	8.0
	Praca na własny rachunek w gospodarstwie rolnym lub poza nim	705	87.0	87.0	95.1
	Zatrudnienie w sektorze publicznym/prywatnym	40	4.9	4.9	100.0
	Razem	810	100.0	100.0	

Tabela A1.6: Gdzie oszczędzasz?

		Częstotliwość:	Procent	Ważna Procent	Skumulowany procent
Ważne		5	.6	.6	.6
	Strona główna	342	42.2	42.2	42.8
	Bank	462	57.0	57.0	99.9
	Saccos	1	.1	.1	100.0
	Razem	810	100.0	100.0	

Tabela A4.7: Dlaczego oszczędzanie w domu

		Częstotliwość:	Procent	Ważna Procent	Skumulowany procent
Ważne		472	58.3	58.3	58.3
	Brak beuracyzmu w odniesieniu do procedur	121	14.9	14.9	73.2
	względy bezpieczeństwa	2	.2	.2	73.5
	niewielka ilość	215	26.5	26.5	100.0
	Razem	810	100.0	100.0	

Tabela A4.8: Dlaczego warto oszczędzać w banku lub w kasie chorych?

		Częstotliwość:	Procent	Ważna Procent	Skumulowany procent
Ważne		386	47.7	47.7	47.7
	Bezpieczeństwo	423	52.2	52.2	99.9
	Połączenie	1	.1	.1	100.0
	Razem	810	100.0	100.0	

Tabela A4.9: Jaki jest twój pierwszy motyw oszczędnościowy?

		Częstotliwość:	Procent	Ważna Procent	Skumulowany procent
Ważne		5	.6	.6	.6
	emerytura	26	3.2	3.2	3.8
	Biznes	72	8.9	8.9	12.7
	Nieszczególne	2	.2	.2	13.0
	Zapisy	7	.9	.9	13.8
	Dodatkowe koszty utrzymania	14	1.7	1.7	15.6
	Choroba lub środek zapobiegawczy	75	9.3	9.3	24.8
	Edukacja	412	50.9	50.9	75.7
	Małżeństwo	6	.7	.7	76.4
	Dom / ziemia	126	15.6	15.6	92.0
	Aktywa	57	7.0	7.0	99.0
	Rekreacja i rozrywka	4	.5	.5	99.5
	Podatki lub spłata pożyczki	4	.5	.5	100.0
	Razem	810	100.0	100.0	

Tabela A4.10: Jaki jest twój drugi motyw oszczędnościowy?

		Częstotliwość:	Procent	Ważna Procent	Skumulowany procent
Ważne		6	.7	.7	.7
	emerytura	54	6.7	6.7	7.4
	Biznes	93	11.5	11.5	18.9
	Zapisy	14	1.7	1.7	20.6
	Dodatkowe koszty utrzymania	39	4.8	4.8	25.4
	Choroba lub środek zapobiegawczy	234	28.9	28.9	54.3
	Edukacja	106	13.1	13.1	67.4
	Małżeństwo	5	.6	.6	68.0
	Dom / ziemia	155	19.1	19.1	87.2
	Aktywa	88	10.9	10.9	98.0
	Rekreacja i rozrywka	2	.2	.2	98.3
	Podatki lub spłata pożyczki	14	1.7	1.7	100.0
	Razem	810	100.0	100.0	

Tabela A4.11: Jaki jest twój trzeci motyw oszczędnościowy?

		Częstotliwość:	Procent	Ważna Procent	Skumulowany procent
Ważne		6	.7	.7	.7
	emerytura	144	17.8	17.8	18.5
	Biznes	123	15.2	15.2	33.7
	Nieszczególne	1	.1	.1	33.8
	Zapisy	16	2.0	2.0	35.8
	Dodatkowe koszty utrzymania	44	5.4	5.4	41.2
	Choroba lub środek zapobiegawczy	163	20.1	20.1	61.4
	Edukacja	71	8.8	8.8	70.1
	Małżeństwo	4	.5	.5	70.6
	Dom / ziemia	97	12.0	12.0	82.6
	Aktywa	98	12.1	12.1	94.7

	Rekreacja i rozrywka	3	.4	.4	95.1
	Podatki lub spłata pożyczki	40	4.9	4.9	100.0
	Razem	810	100.0	100.0	

Tabela A4.12: Jaki jest twój czwarty motyw oszczędnościowy?

		Częstotliwość:	Procent	Ważna Procent	Skumulowany procent
Ważne		6	.7	.7	.7
	emerytura	115	14.2	14.2	14.9
	Biznes	121	14.9	14.9	29.9
	Nieszczególne	3	.4	.4	30.2
	Zapisy	34	4.2	4.2	34.4
	Dodatkowe koszty utrzymania	78	9.6	9.6	44.1
	Choroba lub środek zapobiegawczy	132	16.3	16.3	60.4
	Edukacja	53	6.5	6.5	66.9
	Małżeństwo	9	1.1	1.1	68.0
	Dom / ziemia	101	12.5	12.5	80.5
	Aktywa	93	11.5	11.5	92.0
	Rekreacja i rozrywka	7	.9	.9	92.8
	Podatki lub spłata pożyczki	58	7.2	7.2	100.0
	Razem	810	100.0	100.0	

Tabela A4.13: Jaki jest twój piąty motyw oszczędnościowy?

		Częstotliwość:	Procent	Ważna Procent	Skumulowany procent
Ważne		7	.9	.9	.9
	emerytura	120	14.8	14.8	15.7
	Biznes	129	15.9	15.9	31.6
	Nieszczególne	8	1.0	1.0	32.6
	Zapisy	51	6.3	6.3	38.9
	Dodatkowe koszty utrzymania	65	8.0	8.0	46.9

	Choroba lub środek zapobiegawczy	100	12.3	12.3	59.3
	Edukacja	36	4.4	4.4	63.7
	Małżeństwo	12	1.5	1.5	65.2
	Dom / ziemia	103	12.7	12.7	77.9
	Aktywa	95	11.7	11.7	89.6
	Rekreacja i rozrywka	3	.4	.4	90.0
	Podatki lub spłata pożyczki	81	10.0	10.0	100.0
	Razem	810	100.0	100.0	

Tabela A4.14: Jaki jest twój szósty motyw oszczędnościowy?

		Częstotliwość:	Procent	Ważna Procent	Skumulowany procent
Ważne		7	.9	.9	.9
	emerytura	87	10.7	10.7	11.6
	Biznes	112	13.8	13.8	25.4
	Nieszczególne	4	.5	.5	25.9
	Zapisy	62	7.7	7.7	33.6
	Dodatkowe koszty utrzymania	128	15.8	15.8	49.4
	Choroba lub środek zapobiegawczy	54	6.7	6.7	56.0
	Edukacja	32	4.0	4.0	60.0
	Małżeństwo	10	1.2	1.2	61.2
	Dom / ziemia	70	8.6	8.6	69.9
	Aktywa	122	15.1	15.1	84.9
	Rekreacja i rozrywka	4	.5	.5	85.4
	Podatki lub spłata pożyczki	118	14.6	14.6	100.0
	Razem	810	100.0	100.0	

Tabela A4.15: Jaki jest twój siódmy motyw oszczędnościowy?

		Częstotliwość:	Procent	Ważna Procent	Skumulowany procent
Ważne		8	1.0	1.0	1.0
	emerytura	83	10.2	10.2	11.2
	Biznes	87	10.7	10.7	22.0
	Nieszczególne	3	.4	.4	22.3
	Zapisy	90	11.1	11.1	33.5

	Dodatkowe koszty utrzymania	150	18.5	18.5	52.0
	Choroba lub środek zapobiegawczy	23	2.8	2.8	54.8
	Edukacja	34	4.2	4.2	59.0
	Małżeństwo	19	2.3	2.3	61.4
	Dom / ziemia	80	9.9	9.9	71.2
	Aktywa	91	11.2	11.2	82.5
	Rekreacja i rozrywka	4	.5	.5	83.0
	Podatki lub spłata pożyczki	138	17.0	17.0	100.0
	Razem	810	100.0	100.0	

Tabela A4.16: Jaki jest twój ósmy motyw oszczędnościowy?

		Częstotliwość:	Procent	Ważna Procent	Skumulowany procent
Ważne		8	1.0	1.0	1.0
	emerytura	92	11.4	11.4	12.3
	Biznes	32	4.0	4.0	16.3
	Nieszczególne	14	1.7	1.7	18.0
	Zapisy	139	17.2	17.2	35.2
	Dodatkowe koszty utrzymania	163	20.1	20.1	55.3
	Choroba lub środek zapobiegawczy	13	1.6	1.6	56.9
	Edukacja	29	3.6	3.6	60.5
	Małżeństwo	50	6.2	6.2	66.7
	Dom / ziemia	45	5.6	5.6	72.2
	Aktywa	67	8.3	8.3	80.5
	Rekreacja i rozrywka	7	.9	.9	81.4
	Podatki lub spłata pożyczki	151	18.6	18.6	100.0
	Razem	810	100.0	100.0	

Tabela A4.17: Jaki jest twój dziewiąty motyw oszczędnościowy?

		Częstotliwość:	Procent	Ważna Procent	Skumulowany procent
Ważne		8	1.0	1.0	1.0

	emerytura	49	6.0	6.0	7.0
	Biznes	19	2.3	2.3	9.4
	Nieszczególne	72	8.9	8.9	18.3
	Zapisy	232	28.6	28.6	46.9
	Dodatkowe koszty utrzymania	96	11.9	11.9	58.8
	Choroba lub środek zapobiegawczy	4	.5	.5	59.3
	Edukacja	15	1.9	1.9	61.1
	Małżeństwo	113	14.0	14.0	75.1
	Dom / ziemia	14	1.7	1.7	76.8
	Aktywa	56	6.9	6.9	83.7
	Rekreacja i rozrywka	15	1.9	1.9	85.6
	Podatki lub spłata pożyczki	117	14.4	14.4	100.0
	Razem	810	100.0	100.0	

Tabela A4.18: Jaki jest twój dziesiąty motyw oszczędnościowy?

		Częstotliwość:	Procent	Ważna Procent	Skumulowany procent
Ważne		8	1.0	1.0	1.0
	emerytura	20	2.5	2.5	3.5
	Biznes	13	1.6	1.6	5.1
	Nieszczególne	180	22.2	22.2	27.3
	Zapisy	121	14.9	14.9	42.2
	Dodatkowe koszty utrzymania	18	2.2	2.2	44.4
	Choroba lub środek zapobiegawczy	5	.6	.6	45.1
	Edukacja	8	1.0	1.0	46.0
	Małżeństwo	313	38.6	38.6	84.7
	Dom / ziemia	5	.6	.6	85.3
	Aktywa	33	4.1	4.1	89.4
	Rekreacja i rozrywka	30	3.7	3.7	93.1
	Podatki lub spłata pożyczki	56	6.9	6.9	100.0
	Razem	810	100.0	100.0	

Tabela A4.19: Jaki jest twój jedenasty motyw oszczędnościowy?

		Częstotliwość:	Procent	Ważna Procent	Skumulowany procent
Ważne		9	1.1	1.1	1.1
	emerytura	9	1.1	1.1	2.2
	Biznes	5	.6	.6	2.8
	Nieszczególne	369	45.6	45.6	48.4
	Zapisy	23	2.8	2.8	51.2
	Dodatkowe koszty utrzymania	7	.9	.9	52.1
	Edukacja	2	.2	.2	52.3
	Małżeństwo	240	29.6	29.6	82.0
	Dom / ziemia	6	.7	.7	82.7
	Aktywa	2	.2	.2	83.0
	Rekreacja i rozrywka	124	15.3	15.3	98.3
	Podatki lub spłata pożyczki	14	1.7	1.7	100.0
	Razem	810	100.0	100.0	

Tabela A4.20: Jaki jest twój dwunasty motyw oszczędnościowy?

		Częstotliwość:	Procent	Ważna Procent	Skumulowany procent
Ważne		11	1.4	1.4	1.4
	emerytura	3	.4	.4	1.7
	Nieszczególne	145	17.9	17.9	19.6
	Zapisy	12	1.5	1.5	21.1
	Dodatkowe koszty utrzymania	2	.2	.2	21.4
	Małżeństwo	20	2.5	2.5	23.8
	Dom / ziemia	3	.4	.4	24.2
	Aktywa	1	.1	.1	24.3
	Rekreacja i rozrywka	607	74.9	74.9	99.3
	Podatki lub spłata pożyczki	6	.7	.7	100.0
	Razem	810	100.0	100.0	

Tabela A4.21: Kategoria priorytetowych motywów respondenta

	Częstotliwość:	Procent	Ważna Procent	Skumulowany procent
Ważne	8	1.0	1.0	1.0

	Pobudki bytowe	600	74.1	74.1	75.1
	pobudki inne niż bytowe	202	24.9	24.9	100.0
	Razem	810	100.0	100.0	

Tabela A4.22: Preferowany przez respondenta model oszczędnościowy

		Częstotliwość:	Procent	Ważna Procent	Skumulowany procent
Ważne		3	.4	.4	.4
	Cykl życia	692	85.4	85.4	85.8
	Dynastia	110	13.6	13.6	99.4
	Altruizm	5	.6	.6	100.0
	Razem	810	100.0	100.0	

Tabela A4.23: Komu respondent planuje przekazać zapisy?

		Częstotliwość:	Procent	Ważna Procent	Skumulowany procent
Ważne		8	1.0	1.0	1.0
	Wszystkie dzieci	637	78.6	78.6	79.6
	Pierwotnie urodzony	109	13.5	13.5	93.1
	Dzieci bliskie rodzicom	7	.9	.9	94.0
	Wszyscy krewni	42	5.2	5.2	99.1
	każda osoba blisko	5	.6	.6	99.8
	Osoby wrażliwe	2	.2	.2	100.0
	Razem	810	100.0	100.0	

Tabela A4.24: Rodzaj rozproszonych zapisów

		Częstotliwość:	Procent	Ważna Procent	Skumulowany procent
Ważne		31	3.8	3.8	3.8
	organizacje charytatywne	1	.1	.1	4.0

kombinacja/ wszystko	778	96.0	96.0	100.0
Razem	810	100.0	100.0	

Tabela A4.25: Rzeczywisty okres przekazywania zapisów

		Częstotliwość:	Procent	Ważna Procent	Skumulowany procent
Ważne		22	2.7	2.7	2.7
	jeszcze za życia (transfery inter vivos)	95	11.7	11.7	14.4
	po śmierci (transfery międzypokoleniowe)	693	85.6	85.6	100.0
	Razem	810	100.0	100.0	

Tabela A4.25: Pozycje, którym przyznano pierwszeństwo w zakresie oszczędzania

		Częstotliwość:	Procent	Ważna Procent	Skumulowany procent
Ważne		3	.4	.4	.4
	Rozrywka	7	.9	.9	1.2
	wejścia/przedsiębiorstwo	207	25.6	25.6	26.8
	Aktywa	52	6.4	6.4	33.2
	Edukacja	541	66.8	66.8	100.0
	Razem	810	100.0	100.0	

tabelaA4.26: Elastyczność w odniesieniu do motywów respondenta

		Częstotliwość:	Procent	Ważna Procent	Skumulowany procent
Ważne		10	1.2	1.2	1.2
	Nigdy	370	45.7	45.7	46.9
	rzadko	301	37.2	37.2	84.1

Nierzadko	129	15.9	15.9	100.0
Razem	810	100.0	100.0	

Tabela A4.27: Źródło środków pieniężnych na zakup większości aktywów

		Częstotliwość:	Procent	Ważna Procent	Skumulowany procent
Ważne		115	14.2	14.2	14.2
	oszczędność	84	10.4	10.4	24.6
	nieoszczędność	156	19.3	19.3	43.8
	zarówno oszczędzanie, jak i nie oszczędzanie	455	56.2	56.2	100.0
	Razem	810	100.0	100.0	

Tabela A4.28: Znajomość zagadnień finansowych przez respondenta

		Częstotliwość:	Procent	Ważna Procent	Skumulowany procent
Ważne		11	1.4	1.4	1.4
	pożywka	23	2.8	2.8	4.2
	Niski poziom	133	16.4	16.4	20.6
	żaden	643	79.4	79.4	100.0
	Razem	810	100.0	100.0	

Tabela A4.29: Proporcja wybranych aktywów posiadanych przez respondenta

		Częstotliwość:	Procent	Ważna Procent	Skumulowany procent
Ważne	.08	5	.6	.7	.7
	.08	1	.1	.1	.9
	.08	4	.5	.6	1.4
	.17	40	4.9	5.7	7.1
	.17	1	.1	.1	7.2
	.17	2	.2	.3	7.5
	.25	106	13.1	15.1	22.6
	.33	110	13.6	15.6	38.2
	.33	3	.4	.4	38.6
	.42	1	.1	.1	38.8
	.42	112	13.8	15.9	54.7
	.50	121	14.9	17.2	71.9

	.53	2	.2	.3	72.2
	.58	63	7.8	8.9	81.1
	.63	1	.1	.1	81.3
	.66	7	.9	1.0	82.2
	.67	34	4.2	4.8	87.1
	.67	2	.2	.3	87.4
	.75	50	6.2	7.1	94.5
	.83	19	2.3	2.7	97.2
	.83	1	.1	.1	97.3
	.92	2	.2	.3	97.6
	.92	13	1.6	1.8	99.4
	1.00	4	.5	.6	100.0
	Razem	704	86.9	100.0	
Brakując y	System	106	13.1		
Razem		810	100.0		

Tabela A4.30: Test Chi-square dla dominującej kategorii motywów oszczędnościowych

Kategoria	Obserwowany N	Spodziewany N	Reszta
1 - motywy związane z ograniczaniem ubóstwa	600	401.0	199.0
2 - Brak motywów związanych z ograniczeniem ubóstwa	202	401.0	-199.0
Razem	802		

Tabela A4.31: Test Chi-kwadratowy dla dominującego modelu zachowania się gospodarstwa domowego

Model	Obserwowan y N	Spodziewany N	Reszta
1-cykl życiowy	692	269.0	423.0
2-Dynast	110	269.0	-159.0
3-Altruizm	5	269.0	-264.0
Razem	807		

Tabela A4.32: Test Chi-kwadratowy dla odbiorców spadków

odbiorcy spadków	Obserwow any N	Spodziewany N	Reszta
1-Wszystkie dzieci	637	133.7	503.3

2.pierwszy urodzony	109	133.7	-24.7
3.dzieci bliskie rodzicom	7	133.7	-126.7
4.wszyscy krewni	42	133.7	-91.7
5.każda osoba w pobliżu	5	133.7	-128.7
6.osoby w trudnej sytuacji	2	133.7	-131.7
Razem	802		

Tabela A4.33: Test Chi-square na elastyczność w zakresie motywów oszczędnościowych

elastyczność w zakresie motywów oszczędzania	Obserwowany N	Spodziewany N	Reszta
1.nigdy	370	266.7	103.3
2.rzadko	301	266.7	34.3
3.często	129	266.7	-137.7
Razem	800		

Tabela A4.34: Test Chi-kwadratowy dla rozkładu zapisu

czas na dystrybucję zapisów	Obserwowany N	Spodziewany N	Reszta
1.przed śmiercią	95	394.0	-299.0
2.po śmierci	693	394.0	299.0
Razem	788		

Tabela A4.35: Test Chi-Square dla pierwszego motywu oszczędnościowego w gospodarstwie domowym

motyw oszczędzania	Obserwowany N	Spodziewany N	Reszta
1.emerytura	26	67.1	-41.1
2.dodatkowe koszty utrzymania	14	67.1	-53.1
3.środek ostrożności	75	67.1	7.9
4.edukacja	412	67.1	344.9
5.małżeństwo	6	67.1	-61.1
6.dom/ląd	126	67.1	58.9
7.aktywa	57	67.1	-10.1
8.rekreacja/rozrywka	4	67.1	-63.1

9.podatki lub spłata pożyczki	4	67.1	-63.1
10.biznes	72	67.1	4.9
11.niespecyficzny	2	67.1	-65.1
12.zapisy	7	67.1	-60.1
Razem	805		

Tabela A4.36: Statystyki badań

	Test Chi-square dla dominującej kategorii motywów oszczędnościowych	Test Chi-square dla dominującego modelu zachowań w gospodarstwie domowym	Test Chi-square dla odbiorców spadków	Test Chi-square dla elastyczności w oszczędzaniu motywów	Test Chi-square na czas rozkładu zapisu	Test Chi-Square dla pierwszego domowego motywu oszczędnościowego
Chi-kwadrat(a, b,c,d,e,f)	197.511	1018.238	2336.344	115.533	453.812	2186.369
df	1	2	5	2	1	11
Asympia. Sig.	.000	.000	.000	.000	.000	.000

a komórki 0 (.0%) mają oczekiwane częstotliwości mniejsze niż 5. Minimalna oczekiwana częstotliwość komórek to 401,0.
b 0 komórek (.0%) mają oczekiwane częstotliwości mniejsze niż 5. Minimalna oczekiwana częstotliwość komórek wynosi 269,0.
c 0 komórek (.0%) mają oczekiwane częstotliwości mniejsze niż 5. Minimalna oczekiwana częstotliwość komórek wynosi 133,7.
d 0 komórek (.0%) mają oczekiwane częstotliwości mniejsze niż 5. Minimalna oczekiwana częstotliwość komórek wynosi 266,7.
e 0 komórek (.0%) mają oczekiwane częstotliwości poniżej 5. Minimalna oczekiwana częstotliwość komórek to 394,0.
f 0 komórek (.0%) mają oczekiwane częstotliwości mniejsze niż 5. Minimalna oczekiwana częstotliwość komórek wynosi 67,1.

Tabela A4.37: Ranking motywów oszczędnościowych według płci i wieku

Motyw oszczędzania	Sex		Wiek	
	Mężczyźni	Kobiety	Młody	Stary
Przejście na emeryturę				2
Dodatkowe koszty utrzymania	4	5		7
Choroba, katastrofa (zapobiegawczo)	2	2	2	1
Edukacja	1	1	1	
Małżeństwo	7	7	3	8
Dom i ziemia				3
Aktywa (przedmioty trwałe)				5
Rekreacja i rozrywka	8	9	5	11
Podatki i spłata pożyczek	5	4		6
Biznes	3	3		4
Nieszczególne		8	4	10
Zapisy	6	6		4

Tabela A4.38: Płeć respondenta * Gdzie ratujesz krzyżówkę?

		Gdzie oszczędzasz				Razem
		Strona główna	Bank	Saccos		
Płeć respondenta	Mężczyzna	176	243	1	4	424
	Kobieta	166	219	0	1	386
Razem		342	462	1	5	810

Tabela A4.39: Płeć respondenta * Dlaczego warto oszczędzać w domu Crosstabulation

		Dlaczego oszczędzanie w domu				Razem
		Brak biurokracji w zakresie procedur	względy bezpieczeństwa	niewielka ilość		
Płeć respondenta	Mężczyzna	59	2	114	249	424
	Kobieta	62	0	101	223	386
Razem		121	2	215	472	810

Tabela A4.40: Płeć respondenta * Dlaczego oszczędzanie w banku lub saccos Crosstabulation

		Dlaczego trzymanie oszczędności w banku lub w sakwach			Razem
		Bezpieczeństwo	Połączenie		
Płeć respondenta	Mężczyzna	228	1	195	424
	Kobieta	195	0	191	386
Razem		423	1	386	810

Tabela A4.41: Płeć respondenta * Jaki jest twój pierwszy motyw oszczędnościowy Crosstabulation

		Jaki jest twój pierwszy motyw oszczędzania													Razem
		emerytura	Biznes	Nieszczególne	Zapisy	Dodatkowe koszty utrzymania	Choroba lub środek	Edukacja	Małżeństwo	Dom / ziemia	Aktywa	Rekreacja i rozrywka	Podatki lub spłata pożyczki		
Płeć respondenta	Mężczyzna	17	41	1	5	7	31	214	4	76	21	3	2	2	424
	Kobieta	9	31	1	2	7	44	198	2	50	36	1	2	3	386
Razem		26	72	2	7	14	75	412	6	126	57	4	4	5	810

Tabela A4.42: Płeć respondenta * Jaki jest twój drugi motyw oszczędnościowy Crosstabulation

		Jaki jest twój drugi motyw oszczędzania											Razem
		emerytura	Biznes	Zapisy	Dodatkowe koszty utrzymania	Choroba lub środek zapobiega	Edukacja	Małżeństwo	Dom / ziemia	Aktywa	Rekreacja i rozrywka	Podatki lub spłata pożyczki		
Płeć respondenta	Mężczyzna	26	50	9	18	118	55	4	91	42	2	6	3	424
	Kobieta	28	43	5	21	116	51	1	64	46	0	8	3	386
Razem		54	93	14	39	234	106	5	155	88	2	14	6	810

Tabela A4.43: Płeć respondenta * Jaki jest twój trzeci motyw oszczędnościowy Crosstabulation

		Jaki jest twój trzeci motyw oszczędzania													Razem
		emerytura	Biznes	Nieszczególne	Zapisy	Dodatkowe koszty	Choroba lub środek zapobiega	Edukacja	Małżeństwo	Dom / ziemia	Aktywa	Rekreacja i rozrywka	Podatki lub spłata		
Płeć respondenta	Mężczyzna	77	61	0	8	25	82	42	4	44	54	1	23	3	424
	Kobieta	67	62	1	8	19	81	29	0	53	44	2	17	3	386
Razem		144	123	1	16	44	163	71	4	97	98	3	40	6	810

Tabela A4.44: Płeć respondenta * Jaki jest twój czwarty motyw oszczędnościowy Crosstabulation

		Jaki jest twój czwarty motyw oszczędzania													Razem
		emerytura	Biznes	Nieszczeg ólne	Zapisy	Dodatkowe koszty	Choroba lub środek	Edukacja	Małżeństw o	Dom / ziemia	Aktywa	Rekreacja i rozrywka	Podatki lub spłata pożyczki		
Płeć respondenta	Mężczyzna	58	73	1	16	44	71	29	7	48	45	4	25	3	424
	Kobieta	57	48	2	18	34	61	24	2	53	48	3	33	3	386
Razem		115	121	3	34	78	132	53	9	101	93	7	58	6	810

Tabela A4.45: Płeć respondenta * Jaki jest twój piąty motyw oszczędnościowy Crosstabulation

		Jaki jest twój piąty motyw oszczędzania													Razem
		emerytura	Biznes	Nieszczeg ólne	Zapisy	Dodatkowe koszty	Choroba lub środek	Edukacja	Małżeństw	Dom / ziemia	Aktywa	Rekreacja i rozrywka	Podatki lub spłata		
Płeć respondenta	Mężczyzna	61	66	4	31	33	60	20	8	47	42	0	48	4	424
	Kobieta	59	63	4	20	32	40	16	4	56	53	3	33	3	386
Razem		120	129	8	51	65	100	36	12	103	95	3	81	7	810

Tabela A4.46: Płeć respondenta * Jaki jest twój szósty motyw oszczędnościowy Crosstabulation

		Jaki jest twój szósty motyw oszczędzania													Razem
		emerytura	Biznes	Nieszczeg ólne	Zapisy	Dodatkowe koszty	Choroba lub środek zapobiega	Edukacja	Małżeństw o	Dom /	Aktywa	Rekreacja i rozrywka	Podatki lub spłata		
Płeć respondenta	Mężczyzna	42	56	2	24	75	33	13	8	36	73	2	56	4	424
	Kobieta	45	56	2	38	53	21	19	2	34	49	2	62	3	386
Razem		87	112	4	62	128	54	32	10	70	122	4	118	7	810

Tabela A4.47: Płeć respondenta * Jaki jest twój siódmy motyw oszczędnościowy Crosstabulation

	Jaki jest twój siódmy motyw oszczędzania	Razem

		emerytura	Biznes	Nieszczeg	Zapisy	Dodatkowe koszty	Choroba lub środek	Edukacja	Małżeństwo	Dom / ziemia	Aktywa	Rekreacja i rozrywka	Podatki lub spłata pożyczki		
Płeć respondenta	Mężczyzna	43	46	1	47	77	15	20	12	39	49	1	70	4	424
	Kobieta	40	41	2	43	73	8	14	7	41	42	3	68	4	386
Razem		83	87	3	90	150	23	34	19	80	91	4	138	8	810

Tabela A4.48: Seks respondenta * Jaki jest twój ósmy motyw oszczędnościowy Crosstabulation

		Co jest twoim ósmym motywem oszczędzania													Razem
		emerytura	Biznes	Nieszczególne	Zapisy	Dodatkowe koszty	Choroba lub środek	Edukacja	Małżeństw	Dom / ziemia	Aktywa	Rekreacja i rozrywka	Podatki lub spłata pożyczki		
Płeć respondenta	Mężczyzna	58	18	6	59	78	8	11	31	26	32	5	88	4	424
	Kobieta	34	14	8	80	85	5	18	19	19	35	2	63	4	386
Razem		92	32	14	139	163	13	29	50	45	67	7	151	8	810

Tabela A4.49: Płeć respondenta * Jaki jest twój dziewiąty motyw oszczędnościowy Crosstabulation

		Jaki jest twój dziewiąty motyw oszczędzania													Razem
		emerytura	Biznes	Nieszczególne	Zapisy	Dodatkowe koszty	Choroba lub środek	Edukacja	Małżeństw	Dom / ziemia	Aktywa	Rekreacja i rozrywka	Podatki lub spłata pożyczki		
Płeć respondenta	Mężczyzna	19	7	31	133	44	1	6	66	6	39	7	61	4	424
	Kobieta	30	12	41	99	52	3	9	47	8	17	8	56	4	386
Razem		49	19	72	232	96	4	15	113	14	56	15	117	8	810

Tabela A4.50: Płeć respondenta * Jaki jest twój dziesiąty motyw oszczędnościowy Crosstabulation

		Jaki jest twój dziesiąty motyw oszczędzania													Razem
		emerytura	Biznes	Nieszczególne	Zapisy	Dodatkowe koszty	Choroba lub środek	Edukacja	Małżeństwo	Dom / ziemia	Aktywa	Rekreacja i rozrywka	Podatki lub spłata	pożyczki	
Płeć respondenta	Mężczyzna	13	7	83	64	12	3	5	157	5	23	17	31	4	424
	Kobieta	7	6	97	57	6	2	3	156	0	10	13	25	4	386
Razem		20	13	180	121	18	5	8	313	5	33	30	56	8	810

Tabela A4.51: Płeć respondenta * Jaki jest twój jedenasty motyw oszczędnościowy Crosstabulation

		Jaki jest twój jedenasty motyw oszczędzania												Razem
		emerytura	Biznes	Nieszczególne	Zapisy	Dodatkowe koszty	Edukacja	Małżeństwo	Dom / ziemia	Aktywa	Rekreacja i rozrywka	Podatki lub spłata pożyczki		
Płeć respondenta	Mężczyzna	3	1	201	17	4	1	111	3	0	71	7	5	424
	Kobieta	6	4	168	6	3	1	129	3	2	53	7	4	386
Razem		9	5	369	23	7	2	240	6	2	124	14	9	810

Tabela A4.52: Płeć respondenta * Jaki jest twój dwunasty motyw oszczędnościowy Crosstabulation

		Jaki jest twój dwunasty motyw oszczędzania										Razem
		emerytura	Nieszczególne	Zapisy	Dodatkowe koszty utrzymania	Małżeństwo	Dom / ziemia	Aktywa	Rekreacja i rozrywka	Podatki lub spłata pożyczki		
Płeć respondenta	Mężczyzna	2	87	6	1	9	1	0	310	2	6	424
	Kobieta	1	58	6	1	11	2	1	297	4	5	386
Razem		3	145	12	2	20	3	1	607	6	11	810

Tabela A4.53: Płeć respondenta * Priorytetowe motywy respondenta kategoria Crosstabulation

		Kategoria priorytetowych motywów respondenta			Razem
		Pobudki bytowe	Pobudki inne niż bytowe		
Płeć respondenta	Mężczyzna	304	116	4	424
	Kobieta	296	86	4	386
Razem		600	202	8	810

Tabela A4.54: Płeć respondenta * Preferowany przez respondenta model oszczędzania Crosstabulation

		Preferowany przez respondenta model oszczędzania				Razem
		Cykl życia	Dynastia	Altruizm		
Płeć respondenta	Mężczyzna	364	55	2	3	424
	Kobieta	328	55	3	0	386
Razem		692	110	5	3	810

Tabela A4.55: Płeć respondenta * Który respondent planuje przeprowadzić krzyżowanie zapisów

		Komu respondent planuje dać zapisy							Razem
		Wszystkie dzieci	Pierwotnie urodzony	Dzieci bliskie rodzicom	Wszyscy krewni	każda osoba blisko	Osoby wrażliwe		
Płeć respondenta	Mężczyzna	330	56	3	26	3	2	4	424
	Kobieta	307	53	4	16	2	0	4	386
Razem		637	109	7	42	5	2	8	810

Tabela A4.56: Płeć respondenta * Rodzaj rozproszonych zapisów Crosstabulation

		Rodzaj przekazywanych zapisów			Razem
		organizacje charytatywne	kombinacja/wszystko		
Płeć respondenta	Mężczyzna	1	407	16	424
	Kobieta	0	371	15	386
Razem		1	778	31	810

Tabela A4.57: Płeć respondenta * Rzeczywisty okres przekazywania zapisów Crosstabulation

		Rzeczywisty okres przekazywania zapisów			Razem
		jeszcze za życia (transfery inter vivos)	po śmierci (transfery międzypokoleniowe)		
Płeć respondenta	Mężczyzna	46	366	12	424
	Kobieta	49	327	10	386
Razem		95	693	22	810

Tabela A4.58: Płeć respondenta * Pozycje, którym przyznano pierwszeństwo w celu uniknięcia przesłuchania

		Pozycje, które mają pierwszeństwo w oszczędzaniu					Razem
		Rozrywka	wejścia/przedsiębiorstwo	Aktywa	Edukacja		
Płeć respondenta	Mężczyzna	6	112	22	283	1	424
	Kobieta	1	95	30	258	2	386
Razem		7	207	52	541	3	810

Tabela A4.59: Płeć respondenta * Elastyczność w odniesieniu do motywów repondenta Crosstabulation

		Elastyczność wobec motywów repondenckich				Razem
		Nigdy	rzadko	Nierzadko		
Płeć respondenta	Mężczyzna	164	175	80	5	424
	Kobieta	206	126	49	5	386
Razem		370	301	129	10	810

Tabela A4.60: Płeć respondenta * Źródło pieniędzy na zakup większości aktywów Crosstabulation

		Źródło pieniędzy na zakup większości aktywów				Razem
		oszczędność	nieoszczędność	zarówno oszczędzanie, jak i nie oszczędzanie		
Płeć respondenta	Mężczyzna	50	64	252	58	424
	Kobieta	34	92	203	57	386
Razem		84	156	455	115	810

Tabela A4.61: Płeć respondenta * Znajomość zagadnień finansowych w podziale na respondentów.

		Znajomość zagadnień finansowych przez respondenta				Razem
		pożywka	Niski poziom	żaden		
Płeć respondenta	Mężczyzna	18	83	316	7	424
	Kobieta	5	50	327	4	386
Razem		23	133	643	11	810

Tabela A4.62: Grupa wiekowa respondenta * Gdzie ratujesz Crosstabulation

		Gdzie oszczędzasz				Razem
		Strona główna	Bank	Saccos		
Grupa wiekowa respondent a	Młody	322	423	1	5	751
	stary	19	39	0	0	58
		1	0	0	0	1
Razem		342	462	1	5	810

Tabela A4.63: Grupa wiekowa respondenta * Dlaczego warto oszczędzać w domu Crosstabulation

		Dlaczego oszczędzanie w domu				Razem
		Brak beuracyzmu w odniesieniu do procedur	względy bezpiecze ństwa	niewielka ilość		
Grupa wiekowa respondent a	Młody	117	2	200	432	751
	stary	4	0	14	40	58
		0	0	1	0	1
Razem		121	2	215	472	810

Tabela A4.64: Grupa wiekowa respondenta * Dlaczego przechowywanie oszczędności w banku lub saccos Crosstabulation

		Dlaczego trzymanie oszczędności w banku lub w sakwach			Razem
		Bezpiecze ństwo	Połączenie		
Grupa wiekowa	Młody	384	1	366	751

respondenta stary	39	0	19	58
	0	0	1	1
Razem	423	1	386	810

Tabela A4.65: Grupa wiekowa respondenta * Jaki jest twój pierwszy motyw oszczędnościowy Crosstabulation

		Jaki jest twój pierwszy motyw oszczędzania												Razem
		emerytura	Biznes	Nieszczególne	Zapisy	Dodatkowe koszty	Choroba lub środek	Edukacja	Małżeństwo	Dom / ziemia	Aktywa	Rekreacja i rozrywka	Podatki lub spłata pożyczki		
Grupa wiekowa respondenta	Młody	16	65	2	1	14	60	399	6	119	57	4	4	4	751
	stary	10	7	0	6	0	15	13	0	6	0	0	0	1	58
		0	0	0	0	0	0	0	0	1	0	0	0	0	1
Razem		26	72	2	7	14	75	412	6	126	57	4	4	5	810

Tabela A4.66: Grupa wiekowa respondenta * Jaki jest twój drugi motyw oszczędnościowy Crosstabulation

		Jaki jest twój drugi motyw oszczędzania											Razem
		emerytura	Biznes	Zapisy	Dodatkowe koszty	Choroba lub środek	Edukacja	Małżeństwo	Dom / ziemia	Aktywa	Rekreacja i rozrywka	Podatki lub spłata pożyczki		
Grupa wiekowa respondenta	Młody	46	92	5	37	220	95	5	145	85	2	14	5	751
	stary	8	1	9	2	14	10	0	10	3	0	0	1	58
		0	0	0	0	0	1	0	0	0	0	0	0	1
Razem		54	93	14	39	234	106	5	155	88	2	14	6	810

Tabela A4.67: Grupa wiekowa respondenta * Jaki jest twój trzeci motyw oszczędnościowy Crosstabulation

	Jaki jest twój trzeci motyw oszczędzania	Razem

		emerytura	Biznes	Nieszczególne	Zapisy	Dodatkowe koszty utrzymania	Choroba lub środek	Edukacja	Małżeństwo	Dom / ziemia	Aktywa	Rekreacja i rozrywka	Podatki lub spłata pożyczki		
Grupa wiekowa respondenta	Młody	130	114	1	9	44	150	66	4	89	96	3	40	5	751
	stary	14	8	0	7	0	13	5	0	8	2	0	0	1	58
		0	1	0	0	0	0	0	0	0	0	0	0	0	1
Razem		144	123	1	16	44	163	71	4	97	98	3	40	6	810

Tabela A4.68: Grupa wiekowa respondenta * Jaki jest twój czwarty motyw oszczędzania Crosstabulation

		Jaki jest twój czwarty motyw oszczędzania													Razem
		emerytura	Biznes	Nieszczególne	Zapisy	Dodatkowe koszty utrzymania	Choroba lub środek	Edukacja	Małżeństw	Dom / ziemia	Aktywa	Rekreacja i rozrywka	Podatki lub spłata pożyczki		
Grupa wiekowa respondenta	Młody	106	114	3	31	71	123	44	9	94	89	7	55	5	751
	stary	9	7	0	3	7	8	9	0	7	4	0	3	1	58
		0	0	0	0	0	1	0	0	0	0	0	0	0	1
Razem		115	121	3	34	78	132	53	9	101	93	7	58	6	810

Tabela A4.69: Grupa wiekowa respondenta * Jaki jest twój piąty motyw oszczędzania Crosstabulation

		Jaki jest twój piąty motyw oszczędzania													Razem
		emerytura	Biznes	Nieszczególne	Zapisy	Dodatkowe koszty	Choroba lub środek	Edukacja	Małżeństw	Dom / ziemia	Aktywa	Rekreacja i rozrywka	Podatki lub spłata pożyczki		
Grupa wiekowa respondenta	Młody	115	123	8	46	57	96	33	11	91	87	3	75	6	751
	stary	5	6	0	5	7	4	3	1	12	8	0	6	1	58
		0	0	0	0	1	0	0	0	0	0	0	0	0	1

Razem	120	129	8	51	65	100	36	12	103	95	3	81	7	810

Tabela A4.70: Grupa wiekowa respondenta * Jaki jest twój szósty motyw oszczędzania Crosstabulation

		Jaki jest twój szósty motyw oszczędzania													Razem
		emerytura	Biznes	Nieszczególne	Zapisy	Dodatkowe koszty	Choroba lub środek	Edukacja	Małżeństwo	Dom / ziemia	Aktywa	Rekreacja i rozrywka	Podatki lub spłata		
Grupa wiekowa respondenta	Młody	85	100	4	59	119	52	31	9	62	110	4	110	6	751
	stary	2	12	0	3	9	2	1	1	8	12	0	7	1	58
		0	0	0	0	0	0	0	0	0	0	0	1	0	1
Razem		87	112	4	62	128	54	32	10	70	122	4	118	7	810

Tabela A4.71: Grupa wiekowa respondenta * Jaki jest twój siódmy motyw oszczędnościowy Crosstabulation

		Jaki jest twój siódmy motyw oszczędzania													Razem
		emerytura	Biznes	Nieszczególne	Zapisy	Dodatkowe koszty	Choroba lub środek	Edukacja	Małżeństwo	Dom / ziemia	Aktywa	Rekreacja i rozrywka	Podatki lub spłata		
Grupa wiekowa respondenta	Młody	81	77	3	84	145	22	28	18	76	81	3	126	7	751
	stary	2	10	0	6	5	1	6	0	4	10	1	12	1	58
		0	0	0	0	0	0	0	1	0	0	0	0	0	1
Razem		83	87	3	90	150	23	34	19	80	91	4	138	8	810

Tabela A4.72: Grupa wiekowa respondenta * Jaki jest twój ósmy motyw oszczędnościowy Crosstabulation

		Co jest twoim ósmym motywem oszczędzania													Razem
		emerytura	Biznes	Nieszczególne	Zapisy	Dodatkowe koszty	Choroba lub środek	Edukacja	Małżeństwo	Dom / ziemia	Aktywa	Rekreacja i rozrywka	Podatki lub spłata		
Grupa wiekowa	Młody	88	29	14	135	144	13	24	48	44	57	7	141	7	751

respon denta stary	4	3	0	4	19	0	5	2	1	9	0	10	1	58
	0	0	0	0	0	0	0	0	0	1	0	0	0	1
Razem	92	32	14	139	163	13	29	50	45	67	7	151	8	810

Tabela A4.73: Grupa wiekowa respondenta * Jaki jest twój dziewiąty motyw oszczędnościowy Crosstabulation

		Jaki jest twój dziewiąty motyw oszczędzania													Razem
		emerytura	Biznes	Nieszczególne	Zapisy	Dodatkowe koszty	Choroba lub środek	Edukacja	Małżeństwo	Dom / ziemia	Aktywa	Rekreacja i rozrywka	Podatki lub spłata pożyczki		
Grupa wiekowa respondenta	Młody	46	15	67	223	88	4	11	109	14	51	15	101	7	751
	stary	3	4	5	8	8	0	4	4	0	5	0	16	1	58
		0	0	0	1	0	0	0	0	0	0	0	0	0	1
Razem		49	19	72	232	96	4	15	113	14	56	15	117	8	810

Tabela A4.74: Grupa wiekowa respondenta * Jaki jest twój dziesiąty motyw oszczędzania Crosstabulation

		Jaki jest twój dziesiąty motyw oszczędzania													Razem
		emerytura	Biznes	Nieszczególne	Zapisy	Dodatkowe koszty	Choroba lub środek	Edukacja	Małżeństwo	Dom / ziemia	Aktywa	Rekreacja i rozrywka	Podatki lub spłata		
Grupa wiekowa respondenta	Młody	19	13	168	116	18	5	7	280	5	30	29	54	7	751
	stary	0	0	12	5	0	0	1	33	0	3	1	2	1	58
		1	0	0	0	0	0	0	0	0	0	0	0	0	1
Razem		20	13	180	121	18	5	8	313	5	33	30	56	8	810

Tabela A4.75: Grupa wiekowa respondenta * Jaki jest twój jedenasty motyw oszczędnościowy Crosstabulation

	Jaki jest twój jedenasty motyw oszczędzania	Razem

		emerytura	Biznes	Nieszczególne	Zapisy	Dodatkowe koszty	Edukacja	Małżeństwo	Dom / ziemia	Aktywa	Rekreacja i rozrywka	Podatki lub spłata pożyczki		
Grupa wiekowa respondenta	Młody	8	5	332	22	7	2	225	6	2	121	13	8	751
	stary	1	0	36	1	0	0	15	0	0	3	1	1	58
		0	0	1	0	0	0	0	0	0	0	0	0	1
Razem		9	5	369	23	7	2	240	6	2	124	14	9	810

Tabela A4.76: Grupa wiekowa respondenta * Jaki jest twój dwunasty motyw oszczędnościowy Crosstabulation

		Jaki jest twój dwunasty motyw oszczędzania										Razem
		emerytura	Nieszczególne	Zapisy	Dodatkowe koszty utrzymania	Małżeństwo	Dom / ziemia	Aktywa	Rekreacja i rozrywka	Podatki lub spłata pożyczki		
Grupa wiekowa respondenta	Młody	3	142	12	2	19	3	1	554	5	10	751
	stary	0	3	0	0	1	0	0	52	1	1	58
		0	0	0	0	0	0	0	1	0	0	1
Razem		3	145	12	2	20	3	1	607	6	11	810

Tabela A4.77: Grupa wiekowa respondenta * Priorytetowe motywy Respondenta kategoria Crosstabulation

		Kategoria priorytetowych motywów respondenta			Razem
		motywy sprzyjające ograniczeniu ubóstwa	motywy niezwiązane z ograniczaniem ubóstwa		
Grupa wiekowa respondenta	Młody	552	192	7	751
	stary	48	9	1	58
		0	1	0	1
Razem		600	202	8	810

Tabela A4.78: Grupa wiekowa respondenta * Preferowany przez respondenta model oszczędzania Crosstabulation

		Preferowany przez respondenta model oszczędzania				Razem
		Cykl życia	Dynastia	Altruizm		
Grupa wiekowa respondenta	Młody	676	67	5	3	751
	stary	15	43	0	0	58
		1	0	0	0	1
Razem		692	110	5	3	810

Tabela A4.79: Grupa wiekowa respondenta * Który respondent planuje przeprowadzić krzyżowanie spadków

		Komu respondent planuje dać zapisy							Razem
		Wszystkie dzieci	Pierwotnie urodzony	Dzieci bliskie rodzicom	Wszyscy krewni	każda osoba blisko	Osoby wrażliwe		
Grupa wiekowa respondenta	Młody	580	108	7	41	5	2	8	751
	stary	56	1	0	1	0	0	0	58
		1	0	0	0	0	0	0	1
Razem		637	109	7	42	5	2	8	810

Tabela A4.80: Grupa wiekowa respondenta * Rodzaj rozproszonych zapisów Crosstabulation

		Rodzaj przekazywanych zapisów			Razem
		organizacje charytatywne	kombinacja/wszystko		
Grupa wiekowa	Młody	0	721	30	751

respondent a					
	stary	1	56	1	58
		0	1	0	1
Razem		1	778	31	810

Tabela A4.81: Grupa wiekowa respondenta * Rzeczywisty okres przekazywania zapisów Crosstabulation

		Rzeczywisty okres przekazywania zapisów			Razem
		jeszcze za życia (transfery inter vivos)	po śmierci (transfery międzypokoleniowe)		
Grupa wiekowa respondenta	Młody	95	634	22	751
	stary	0	58	0	58
		0	1	0	1
Razem		95	693	22	810

Tabela A4.82: Grupa wiekowa respondenta * Pozycje, którym nadano pierwszeństwo w celu uratowania przesłuchania

		Pozycje, które mają pierwszeństwo w oszczędzaniu					Razem
		Rozrywka	wejścia/przedsię biorstwo	Aktyw a	Edukacja		
Grupa wiekowa respondenta	Młody	7	185	52	504	3	751
	stary	0	22	0	36	0	58
		0	0	0	1	0	1
Razem		7	207	52	541	3	810

Tabela A4.83: Grupa wiekowa respondenta * Elastyczność w stosunku do motywów respondenta Tabelacja krzyżowa

		Elastyczność w stosunku do motywów respondentów				Razem
		Nigdy	rzadko	Nierzadko		
Grupa wiekowa respondenta	Młody	366	267	109	9	751
	stary	3	34	20	1	58
		1	0	0	0	1
Razem		370	301	129	10	810

Tabela A4.84: Grupa wiekowa respondenta * Źródło pieniędzy na zakup większości aktywów Crosstabulation

		Źródło pieniędzy na zakup większości aktywów				Razem
		oszczędność	nieoszczędność	zarówno oszczędzanie, jak i nie oszczędzanie		
Grupa wiekowa respondenta	Młody	81	150	407	113	751
	stary	3	5	48	2	58
		0	1	0	0	1
Razem		84	156	455	115	810

Tabela A4.85: Grupa wiekowa respondenta * Znajomość zagadnień finansowych w podziale na respondentów Crosstabulation

		Znajomość zagadnień finansowych przez respondenta				Razem
		pożywka	Niski poziom	żaden		
Grupa wiekowa respondenta	Młody	21	113	606	11	751
	stary	2	20	36	0	58
		0	0	1	0	1
Razem		23	133	643	11	810

Dodatek 5: Kodowanie kwestionariusza dla SPSS

Nie	Kod	Opis	Odpowiedzi	Środek
1	SEX	Płeć respondenta	1=mężczyzna; 2=kobieta	Nominalnie
2	AGE	Wiek respondenta	Numeryczny	Skala:
3	AGEGRP	Grupa wiekowa respondenta	1=młody; 2=stary	Nominalnie
4	EDU	Poziom wykształcenia respondenta	1=szkole podstawowe; 2=średnia szkoła; 3=kolegium; 4=uniwersytet; 5=nie.	Nominalnie
5	MORSKI	Stan cywilny respondenta	1=małżeństwo; 2=samotne; 3=wdowa; 4=rozwiedziony; 5=rozdzielony	Nominalnie
6	DEPEND	Liczba osób pozostających na utrzymaniu respondenta	Numeryczny	Skala:
7	JOB	Zawód respondenta	1=rolnictwo; 2=zatrudnienie; 3=obszarstwo; 4=kombinacja	Nominalnie
8	DOCHODY	Miesięczne oszacowanie dochodu respondenta	Numeryczny	Skala:
9	SAVSTORE	Gdzie oszczędzasz	1=dom; 2=bank; 3=saccos; 4=inne	Nominalnie
10	SAVHOME	Dlaczego oszczędzanie w domu		Nominalnie
11	SAVBSACO	Dlaczego warto oszczędzać w banku lub firmie SACCOS		Nominalnie
12	MOTYW 1	Jaki jest twój pierwszy motyw oszczędzania	1=reemerytura; 2=wydatki na mieszkanie; 3=zdrowie; 4=edukacja; 5=małżeństwo; 6=dom/ląd; 7=aktywa; 8=rekreacja; 9=podatki/pożyczki; 10=biznes; 11=nieszczególne; 12=zapytanie; 13=inne	Nominalnie
13	MOTYW 2	Jaki jest twój drugi motyw oszczędzania	1=reemerytura; 2=wydatki na mieszkanie; 3=zdrowie; 4=edukacja; 5=małżeństwo; 6=dom/ląd; 7=aktywa; 8=rekreacja; 9=podatki/pożyczki;	Nominalnie

			10=biznes; 11=nieszczególne; 12=zapytanie; 13=inne	
14	MOTYW 3	Jaki jest twój trzeci motyw oszczędzania	1=reemerytura; 2=wydatki na mieszkanie; 3=zdrowie; 4=edukacja; 5=małżeństwo; 6=dom/ląd; 7=aktywa; 8=rekreacja; 9=podatki/pożyczki; 10=biznes; 11=nieszczególne; 12=zapytanie; 13=inne	Nominalnie
15	MOTYW 4	Jaki jest twój czwarty motyw oszczędzania	1=reemerytura; 2=wydatki na mieszkanie; 3=zdrowie; 4=edukacja; 5=małżeństwo; 6=dom/ląd; 7=aktywa; 8=rekreacja; 9=podatki/pożyczki; 10=biznes; 11=nieszczególne; 12=zapytanie; 13=inne	Nominalnie
16	MOTYW 5	Jaki jest twój piąty motyw oszczędzania	1=reemerytura; 2=wydatki na mieszkanie; 3=zdrowie; 4=edukacja; 5=małżeństwo; 6=dom/ląd; 7=aktywa; 8=rekreacja; 9=podatki/pożyczki; 10=biznes; 11=nieszczególne; 12=zapytanie; 13=inne	Nominalnie
17	MOTYW 6	Jaki jest twój szósty motyw oszczędzania	1=emerytura; 2=wydatki na mieszkanie; 3=zdrowie; 4=edukacja; 5=małżeństwo; 6=dom/ląd; 7=majątek; 8=rekreacja; 9=podatki/pożyczki; 10=biznes; 11=nieszczególne; 12=zapytanie; 13=inne	Nominalnie
18	MOTYW 7	Jaki jest twój siódmy motyw oszczędzania	1=reemerytura; 2=wydatki na mieszkanie; 3=zdrowie; 4=edukacja; 5=małżeństwo; 6=dom/ląd; 7=aktywa; 8=rekreacja; 9=podatki/pożyczki; 10=biznes; 11=nieszczególne; 12=zapytanie; 13=inne	Nominalnie
19	MOTYW 8	Jaki jest twój ósmy motyw oszczędzania	1=reemerytura; 2=wydatki na mieszkanie; 3=zdrowie; 4=edukacja; 5=małżeństwo; 6=dom/ląd; 7=aktywa;	Nominalnie

			8=rekreacja; 9=podatki/pożyczki; 10=biznes; 11=nieszczególne; 12=zapytanie; 13=inne	
20	MOTYW 9	Jaki jest twój dziewiąty motyw oszczędzania	1=reemerytura; 2=wydatki na mieszkanie; 3=zdrowie; 4=edukacja; 5=małżeństwo; 6=dom/ląd; 7=aktywa; 8=rekreacja; 9=podatki/pożyczki; 10=biznes; 11=nieszczególne; 12=zapytanie; 13=inne	Nominalni e
21	MOTYW 10	Jaki jest twój dziesiąty motyw oszczędzania	1=reemerytura; 2=wydatki na mieszkanie; 3=zdrowie; 4=edukacja; 5=małżeństwo; 6=dom/ląd; 7=aktywa; 8=rekreacja; 9=podatki/pożyczki; 10=biznes; 11=nieszczególne; 12=zapytanie; 13=inne	Nominalni e
22	MOTYW Y11	Jaki jest twój jedenasty motyw oszczędzania	1=reemerytura; 2=wydatki na mieszkanie; 3=zdrowie; 4=edukacja; 5=małżeństwo; 6=dom/ląd; 7=aktywa; 8=rekreacja; 9=podatki/pożyczki; 10=biznes; 11=nieszczególne; 12=zapytanie; 13=inne	Nominalni e
23	MOTYW Y12	Jaki jest twój dwunasty motyw oszczędzania	1=reemerytura; 2=wydatki na mieszkanie; 3=zdrowie; 4=edukacja; 5=małżeństwo; 6=dom/ląd; 7=aktywa; 8=rekreacja; 9=podatki/pożyczki; 10=biznes; 11=nieszczególne; 12=zapytanie; 13=inne	Nominalni e
24	POWIER ZCHNIA	Kategoria priorytetowych motywów respondenta	1=motywy życiowe; 2=nie motywy życiowe	Nominalni e
25	MODEL	Preferowany przez respondenta model oszczędzania	1=cykl życia; 2=dynast; 3=altruizm	Nominalni e
26	RECEIV	Komu respondent planuje dać zapisy	1=wszystkie dzieci; 2=pierwsze urodzone; 3=dzieci bliskie rodzicom; 4=wszyscy krewni; 5=każda osoba bliżej; 6=osoby wrażliwe	Nominalni e

			(niepełnosprawni, chorzy, wdowy, sieroty); 7=instytucje; 8=kombinacja	
27	BEQST	Rodzaj przekazywanych zapisów	1=wsparcie społeczne np. zdrowie, edukacja, jedzenie, małżeństwo itp.; 2=wsparcie ekonomiczne np. inwestycje, kapitał finansowy, nakłady itd.	Nominalni e
28	BTIME	Rzeczywisty okres przekazywania zapisów	1=w międzyczasie jeszcze żywy (transfery międzypokoleniowe); 2=po śmierci (transfery międzypokoleniowe); 3=w obu przypadkach jeszcze żywy i po śmierci; 4=nie.	Nominalni e
29	PRIORI	Pozycje, które mają pierwszeństwo w oszczędzaniu	1=rozrywka; 2=wprowadzenia/przedsiębiors twa; 3=aktywa; 4=edukacja; 5=inne	Nominalni e
30	MCHAN GE	Elastyczność w stosunku do motywów respondenta	1=never; 2=rerely; 3=frequently	Nominalni e
31	MASSET	Źródło pieniędzy na zakup większości aktywów	1=oszczędności; 2=nieoszczędności; 3=obej oszczędności i nieoszczędności	Nominalni e
32	FINANC E	Znajomość zagadnień finansowych przez respondenta	1=wysoki; 2=średni; 3=wolny; 4=nie.	Nominalni e
33	FOLIO	Proporcja wybranych aktywów posiadanych przez respondenta	Numeryczny	Skala:

FSC
www.fsc.org
MIX
Papier | Fördert gute Waldnutzung
FSC® C083411

Kolibri 360 GmbH
Ferdinand-Jühlke-Straße 7
99095 Erfurt, Deutschland
produktsicherheit@kolibri360.de

Druck:
CPI Druckdienstleistungen GmbH
im Auftrag der
Kolibri 360 GmbH
Ferdinand-Jühlke-Str. 7
99095 Erfurt